福祉職・保育者養成教育におけるICT活用への挑戦

より深い学びと質の高い支援スキル獲得をめざして

坂本毅啓・佐藤貴之・中原大介 著

大学教育出版

は じ め に

1. 本書に至るまでの経緯

　本書は、これまでに佐藤貴之（北九州市立大学）、中原大介（福山平成大学）、そして坂本の3人で取り組んできた研究成果をまとめたものである。まずは、本研究に取り組むまでに至った経緯から紹介をさせていただきたい。それによって、本書の性格が読者諸氏にもおわかり頂けるのではないかと考えるからである。

　さて、本研究の発端は、坂本の職場の先輩であり、同僚でもある佐藤が坂本に「福祉分野において ICT を活用した教育の先行研究が見られない。一緒にしないか？」というお声かけであった。これが 2012 年であった。その後、「公益財団法人科学技術融合振興財団調査研究助成事業課題」として助成金の採択をいただき、教育システム情報学会を中心として研究に取り組み始めた。さらに 2013 年には北九州市立大学平成 25 年度特別研究推進費にも採択をして頂き、最初のシステムを導入することができた。

　その後、坂本の前職で同僚であった中原へ、坂本からお声かけをさせていただき、2013 年に坂本が代表となる形で科学研究費補助金の申請をさせていただいた。幸いにも、この科学研究費補助金にも採択を頂くことができ（JSPS 科研費 26330403）、2014 年度から 2017 年度までの4年間、3人による研究活動を続けることができた。そして、ここまでの研究成果について、ここに本書のような形で発表をさせていただくこととなった。なお、本書の出版に当たっては、北九州市立大学平成 29 年度学長選考型研究費 B 区分による出版助成を受けた。

　本書に至るまで、2012 年から足かけ6年間の研究活動は、非常に順調であったように思われる。これは、三者三様のチームワークがあったからだと思われ

る。3人の専門は多様であり、佐藤は教育工学、中原は保育学、そして坂本は社会福祉学であり、文理を超えた異分野連携による研究活動であったが、常にコミュニケーションを密に取りながら、進めることができたことが、順調に進めることができた大きな要因であろう。

2. 本書のねらい

　冒頭に紹介させて頂いたような経緯から、本書は読者諸氏の手元へと届けられるに至ったわけであるが、そのねらいは、単なる自己満足的研究成果の公表ではない。2011年に厚生労働省によって、介護福祉士養成の実務者研修で、通信教育の積極的活用並びにインターネットの利用した教育の展開が提起されるなど、福祉専門教育において情報通信技術（以下、ICT：Information Communication Technology）を活用することの社会的要請は高まっている。

　一方で、教育実践としての先行研究では、管見の限りでは、2012年頃には古瀬・井上（2012）によってブログを活用した現場と連携した介護福祉実習の研究発表があるぐらいであった。その後、2014年には原（2014）が発表され、ICTを活用したシミュレーションプログラムを用いて、子ども虐待事案への対応を学習する研究成果が示された。しかし、福祉専門教育でのICTの活用ニーズに対して、その知見の積み上げは不十分であったと言える。このような現状を踏まえ、社会福祉士や介護福祉士といった福祉職と、幼稚園教諭や保育士といった保育者をそれぞれ養成する教育現場において、ICTを活用したより効果的な福祉専門教育の教育プログラムを開発し、その学習効果について明らかにすることを目的に、著者らはこれまで取り組んできた。

　我々が作成し、取り組んできた教材の対象は、社会福祉士養成課程における模擬面接と、保育者（幼稚園教諭・保育士）養成教育における模擬保育、サービスラーニング（Service Learning、地域貢献活動体験型学習）である。これ以外にICTの活用について検討してきたテーマとしては、介護福祉士国家試験受験資格取得における実務者ルートと呼ばれた介護職実務者研修、社会福祉士養成課程における現場実習指導（相談援助実習・相談援助実習指導）があ

る。理論的研究から実証的研究までの幅は、ある意味一貫性の無さでもあるが、我々としては福祉や保育の専門職を育てる教育領域において、「研究すべきテーマがいかに多数存在しているか」というように認識している。

本書では、筆者らなりに取り組んできた研究成果を世に問い、まずは福祉職・保育者養成教育に携わっている教員に興味・関心を持っていただき、学習者にとってより教育効果のある ICT を活用した教材作成と教育実践について、多様なご意見を頂戴したいと願っている。同時に、教育工学分野を中心とした情報科学を専門とする研究者や大学院生、学生等には、福祉職・保育者養成教育の現場におけるいわば「お作法」や「文化」のようなものを、本書を通して理解していただき、新たな共同研究の発展へとつなげていっていただければ幸いである。

3. 本書の構成

本書の内容は、これまでに我々が発表してきた論文を基に加筆修正したもの、あるいはほぼ書き下ろしのものによって構成されている。各章の初出についてはこの後に一覧にしているので、そちらをご覧いただきたい。章構成としては各テーマを発表してきた時系列に並べるのでは無く、「福祉職・保育者養成教育において ICT を活用することにより、どのようにすればより深い学びと質の高い支援スキル獲得をめざすことが可能なのか」、という軸となるテーマを置き、そこから章立てを行った。

まず理論編として、第1章では教育工学の立場から社会福祉教育に対してどのようなアプローチが可能なのかを検討し、その考え方について提起した。続いて第2章では、福祉領域では「不真面目な」と評価されてしまう「ゲーム」を活用した教育のあり方について検討を行った。

次に第3章以降は実践編という位置づけとした。第3章から第6章では、社会福祉士養成教育課程における対人援助の基礎となる支援的コミュニケーションスキルの獲得を目指した演習課題「模擬面接」に焦点化し、ICT の活用としてどのような教材を設計することが可能かを検討することから始まり、

LMS（Learning Management System、学習管理システム）のひとつであるMoodle に実装するモジュールを開発、教材として試行的に実施及び評価、改善、ルーブリックの作成、そして教材としての評価分析までを内容として扱っている。第7章では保育者養成教育における専門的スキル獲得を目的とした演習課題「模擬保育」に焦点化し、先に開発したモジュールを応用し、その教育効果の評価分析を扱っている。

　第8章以降は「模擬面接」及び「模擬保育」以外のテーマへと対象を拡げた。第8章は介護福祉士教育において ICT の活用について検討を行っている。第9章では、サービスラーニングにおける ICT を活用した教育実践事例について紹介をしている。そして第10章では、社会福祉士養成課程における福祉施設・機関での現場実習（相談援助実習）での実務及び学生指導・支援に関する課題解決として、ICT の活用について検討を行っている。

　本書はできるだけ、第1章から読み進めていただいた方が良いだろうという考えで章立てを行った。もちろん、各読者の好きなところから読んでいただいても構わない。また、本書は既出論文を編纂した経緯から、内容的に重複が見られるが、その重複は必要と判断した。冗長と感じられるかも知れないが、あらかじめご容赦願いたい。

謝　　辞

　本研究は JSPS 科研費 26330403 の助成を受けたものである。本書出版にあたっては、北九州市立大学平成29年度学長選考型研究費 B（出版助成）の助成を受けた。改めてここに記すと共に、感謝の意を表わす。

参考文献
(1)　原佳央理（2014）『子ども虐待対応のための教育訓練実践モデル ― 修正デザイン・アンド・ディベロップメント（M-D&D）を用いて ― 』学術出版会。
(2)　古瀬徹・井上登記子（2012）「介護福祉士養成教育への IT 利用 ― 教材としての介護現場からのブログ ― 」（所収：『第20回日本介護福祉学会大会　発表報告要旨集』）。

■論文初出一覧

　各章の基となった論文の初出は、以下の通りである。いずれも共著論文ではあるが、筆頭著者が責任を持って各章を加筆修正したことを踏まえて、各論文共著者の合意に基づき、各章は単独による分担執筆という形とした。

第1章　教育工学による社会福祉教育へのアプローチ
　以下の論文を参考に、新規書き下ろし。
・佐藤貴之、坂本毅啓（2013）「福祉専門職教育における情報技術を用いたシステム導入の検討」『教育システム情報学会　研究報告』教育システム情報学会、第28巻第1号、p.74-p.79。

第2章　ゲームを活用した教育の検討
　以下の論文を参考に、新規書き下ろし。
・佐藤貴之、坂本毅啓、浅羽修丈（2014）「シリアスゲームによる福祉専門職教育用教材の提案 ― 事例検討の学習教材としての可能性 ― 」『教育システム情報学会　研究報告』教育システム情報学会、第29巻第3号、p.11-p.14。

第3章　社会福祉士養成における模擬面接をより効果的に行うための教材の設計
・佐藤貴之、坂本毅啓（2014）「社会福祉士養成における模擬面接をより効果的に行うための教材の設計」『教育システム情報学会　研究報告』教育システム情報学会、第28巻第5号、p.107-p.114。

第4章　社会福祉士養成教育における模擬面接でのICT活用によるコミュニケーションスキル獲得
・坂本毅啓、佐藤貴之（2014）「スマートフォンによるコミュニケーションスキル獲得を目指した教材の開発 ― 社会福祉士養成教育における模擬面接での活用とその学習効果 ― 」『教育システム情報学会　研究報告』教育システム情報学会、第29巻第4号、p.49-p.54。

第5章　社会福祉士養成課程における 模擬面接教材のルーブリック作成
・坂本毅啓、佐藤貴之、中原大介（2017）「社会福祉士養成課程における模擬面接教材のルーブリック作成」『教育システム情報学会　研究報告』教育システム情報学会、第31巻第6号、p.49-p.154。

第6章　社会福祉士養成課程におけるICTを活用した模擬面接教材の評価分析
・坂本毅啓、佐藤貴之、中原大介（2018）「社会福祉士養成課程におけるICTを活用

した模擬面接教材の評価分析」『教育システム情報学会　研究報告』教育システム情報学会、第32巻第6号、p.125-p.132。

第7章　保育者養成教育における模擬保育へのICT活用

以下の論文を基に、新規書き下ろし。

・中原大介、佐藤貴之、坂本毅啓（2015）「保育者養成教育における模擬保育へのICT活用の検討」（教育システム情報学会　第40回全国大会）、p.353-p.354。

・中原大介、坂本毅啓、佐藤貴之（2016）「保育者養成教育における模擬保育用動画教材の形成的評価」（教育システム情報学会第41回全国大会）、p.317-p.318。

・中原大介、坂本毅啓、佐藤貴之（2017）「模擬保育へのICT活用とその評価について」『第1回研究大会　プログラム・抄録集』（日本保育者養成教育学会　第1回研究大会）、p.38。

・中原大介、坂本毅啓、佐藤貴之（2017）「保育者養成教育における早期体験教育・初年次教育へのICT活用の検討」（教育システム情報学会第42回研究大会）、p.399-p.400。

第8章　介護職員等実務者研修におけるシリアスゲーム活用の検討

・坂本毅啓、佐藤貴之（2012）「介護職員等実務者研修におけるシリアスゲーム活用の検討」『教育システム情報学会　研究報告』教育システム情報学会、第27巻第4号、p.34-p.37。

第9章　サービスラーニングにおいてICTを活用した実践例とその教育効果

・坂本毅啓、佐藤貴之、中原大介（2015）「サービスラーニングにおいてICTを活用した実践例とその教育効果」『『教育システム情報学会　研究報告』教育システム情報学会、第30巻第2号、p.59-p.64。

第10章　社会福祉士養成教育における相談援助実習指導支援システムの提案

・坂本毅啓、佐藤貴之、中原大介（2017）「社会福祉士養成教育における相談援助実習指導支援システムの提案」（教育システム情報学会第42回研究大会）、p.275-p.276。

福祉職・保育者養成教育における ICT 活用への挑戦
― より深い学びと質の高い支援スキル獲得をめざして ―

目　次

はじめに …………………………………………………………………… i

第1章　教育工学による社会福祉教育へのアプローチ …………………… 1
第1節　情報科学・教育工学の視点による福祉教育の現状　1
第2節　福祉職従事者のICT活用に対する意識　4
第3節　他領域におけるICT活用教育の進展　6
第4節　福祉教育において有用な教育工学の知見　8

第2章　ゲームを活用した教育の検討 ………………………………… 14
第1節　介護福祉士養成教育の動向　14
第2節　シリアスゲームとは何か　15
第3節　福祉専門職のゲームに対する意識　16
第4節　福祉教育におけるシリアスゲーム導入の検討　20
第5節　まとめ　24

第3章　社会福祉士養成における模擬面接をより効果的に行うための教材の設計 ………………………………………………………………… 26
第1節　はじめに　26
第2節　社会福祉士養成教育のカリキュラム　27
第3節　模擬面接の教育方法とその課題　29
第4節　模擬面接用教材の設計　31
第5節　まとめと今後の課題　34

第4章　社会福祉士養成教育における模擬面接でのICT活用によるコミュニケーションスキル獲得 ……………………………………………… 37
第1節　はじめに　37
第2節　教材の全体概要　38
第3節　教材を使用した授業実践と評価　39
第4節　実施後の学生アンケート結果　41

第5節　おわりに　*44*

第5章　社会福祉士養成課程における模擬面接教材のルーブリック作成 … *46*
　　第1節　はじめに　*46*
　　第2節　これまでに作成した教材とその効果　*46*
　　第3節　模擬面接教材におけるルーブリックの作成　*47*
　　第4節　おわりに　*53*

第6章　社会福祉士養成課程におけるICTを活用した模擬面接教材の評価分析 …………………………………………………………… *56*
　　第1節　はじめに　*56*
　　第2節　教材の概要と授業の展開　*56*
　　第3節　教材の評価分析　*58*
　　第4節　教材としての学習効果　*61*
　　第5節　今後の改善点　*64*
　　第6節　おわりに　*66*

第7章　保育者養成教育における模擬保育へのICT活用 ………………… *69*
　　第1節　はじめに　*69*
　　第2節　保育者養成教育と実践力　*69*
　　第3節　教材の概要　*74*
　　第4節　本研究によって期待される効果と課題　*75*
　　第5節　模擬保育用動画教材の準備　*77*
　　第6節　模擬保育の実施と評価　*82*
　　第7節　早期体験教育、初年次教育への活用可能性　*87*
　　第8節　まとめ　*93*

第8章　介護職員等実務者研修におけるシリアスゲーム活用の検討……… *95*
　　第1節　はじめに　*95*

第2節　介護人材確保をとりまく現状　*96*
第3節　実務者研修の教育内容とその課題　*101*
第4節　シリアスゲーム活用の検討　*103*
第5節　おわりに　*104*

第9章　サービスラーニングにおいてICTを活用した実践例とその教育効果 …… *105*

第1節　はじめに　*105*
第2節　授業概要　*106*
第3節　授業実践方法　*111*
第4節　形成的評価　*113*
第5節　まとめ　*116*

第10章　社会福祉士養成教育における相談援助実習指導支援システムの提案 …… *119*

第1節　はじめに　*119*
第2節　社会福祉士養成教育における相談援助実習及び相談援助実習指導の特質　*119*
第3節　実習・実習指導における実務的及び教育的課題　*120*
第4節　実習指導支援システムの提案　*122*
第5節　おわりに　*123*

資料編 ………………………………………………………… *125*

おわりに ……………………………………………………… *144*

著者紹介 ……………………………………………………… *146*

福祉職・保育者養成教育における ICT 活用への挑戦
― より深い学びと質の高い支援スキル獲得をめざして ―

第1章 教育工学による社会福祉教育へのアプローチ

佐藤　貴之

第1節　情報科学・教育工学の視点による福祉教育の現状

　ICT（Information Communication Technology）の発達により、私たちは日常生活のあらゆる場面でその恩恵にあずかっている。例えば、医療・看護では、病院に情報システムが導入され、カルテ、会計データ、CTスキャンや動画の情報は一連のシステムで管理され、パソコンを持った看護師によって患者に医療行為が違和感なく行われている。また、ICTを活用して、障害を持つ人に対するデバイス（義足もデバイスの一つと考えることができるであろう）、システムの開発をする研究領域として福祉工学があり、研究活動が活発に行われている。研究を行う過程で、障害を持つ人の動き、特徴を膨大なデータから抽出し、シミュレーションを重ねている面からもICTの恩恵を多大に受けていると考えられる。福祉の現場においても、福祉施設（特別養護老人ホームなど）に情報システムを導入し、業務の効率化を図り、また、地域の福祉情報を一括して管理し、クライエントに対する効果的な支援・援助を目指したシステムも構築されている。福祉職の業務環境の改善が叫ばれている中、情報を効果的、効率的に管理・運用するためには、ICT活用は避けて通れないものとなっている。

　当然のことながら、ICTの活用により、教育の現場でも大きな変化を生み出している。これまでの授業スタイルは、紙に印刷した資料を用いながら、教師が黒板を利用して知識を口頭で伝えていくものが主流であった。しかし、こ

れらの授業での教師の活動を、電子黒板や学生用タブレット利用、PDF形式ファイルにしたレジュメの配布、講義の様子を動画として保存・配信に代替できることは、ICTに疎い者でもすぐに思いつくであろう。小学校の各教室に電子黒板を置くなどのニュースを耳にしたことのある人もいるであろう。このように、ICTを利用することで、授業を効果的、かつ、効率的に実施できる可能性が高まってきていることは容易に想像できる。

その一方で、授業で伝えるべきコンテンツそのものも変化している。21世紀スキルに代表されるように、これからは知識を多く知っていることではなく、必要となる知識を自ら探し、それを活用しながら、より難しい判断が可能となる者を育成していくことが社会で求められている。実際、大量の知識を記憶するという能力において、人間はコンピュータに遠く及ばない。それだけではなく、近年、ディープラーニングに代表されるとおり、AI技術が飛躍的に発達している。例えば、IBMのワトソンプロジェクト、国立情報学研究所による東大ロボプロジェクトなどのように、ある問題やクイズに対し、関連する知識を検索し、正答である確率が高いと予想される回答をはじき出し、成果を上げていることは広く知られている。これらはWikipediaなどである程度信頼できるキーワードを見つけ出し、それに関連する内容をGoogleによる検索システムを活用すれば、知識を見つけ出せるという、21世紀の情報利活用の方法に他ならない。

これらの時代背景により、ICTを活用した教育方法の研究が教育工学の領域を中心に活発に行われている。坂元らが著した『教育工学とはどんな学問か』[1]の中で、教育工学の定義に関して詳しくページを割いて述べている。それによると、現在、教育工学の研究者でコンセンサスが得られている定義は、全米教育コミュニケーション工学協会が示した「教育工学は、人間の学習のあらゆる面に含まれる諸問題を分析し、これらの問題の解決法を考案し、実行し、評価し、運営するための、人、手だて、考え、道具、組織を含む複雑な統合過程である。」というものである。このことからわかることは、教育工学は、諸問題の分析と問題解決を中心に据え、学習に関する幅広く、多様な問題に立ち向かうという研究の意義を示していることである。教育工学研究というとコ

ンピュータや最新のテクノロジーを活用した教育活動に関する研究、実践をイメージする方が多いと思われる。しかし、例えば、授業での教師の発話をもとに、学習者に効果的に教授する手法の検討や、学習者の学習項目に対する動機づけのメカニズムと効果的な動機づけをする授業デザインの研究などといった、コンピュータを使用せず、心理学、社会学、教育学をはじめとする、いわゆる人文社会科学の研究手法も教育工学を研究する対象領域となる。現在、教育工学は、文部科学省の科学研究費補助金における分類でも「複合領域」という記述がなされるくらい重要な学問領域として位置づけられている。教育工学の究極的な目標は、学習者が効果的、効率的に学び、教師が効果的、効率的に教えることであると私は考えている。そのため、学習者に学習コンテンツをわかりやすく提示する手法を工学的なアプローチで捉えることが、教育工学では求められると考えている。

　教育工学の研究者は、自分の授業を対象に設計・分析・評価を行うスタイルを取ることが多く、情報教育、工学教育科目を多く取り上げているため、それらに関連した領域の研究成果が多くみられる傾向にある。教育工学研究の成果を調査してみると、医療・看護教育の領域でも、活発に教材開発、教育実践が進み、研究成果が教育工学関連の学会にて数多く発表されているのに対し、福祉教育の領域では、教育工学のアプローチでの教育実践事例が現在においてもほとんど存在していない。

　これだけ広く教育工学が研究されているものの、私が社会福祉教育における教育工学的なアプローチによるICT活用に取り組み始めた時には、まったくと言っていいほど福祉教育に関連する研究業績を見つけることができなかった。後で気づくことであったが、社会福祉教育という領域の難しさ、社会福祉という環境におけるICTへの抵抗感に起因するものであったと考えている。

第2節　福祉職従事者のICT活用に対する意識

　研究に着手するにあたり、筆者は共同研究者の坂本に協力してもらい、福祉職従事者に対する調査を行った[2]。その調査結果について、次に述べたい。

　社会福祉士受験予定の男性3名と女性9名の合計12名の福祉従事者に対しアンケートを実施した。その場でアンケートを配布し、その場で記入してもらう形式をとった。アンケート記入後、12名のうちの5名とグループインタビューを実施した。

　アンケート対象者の年齢、および、福祉職従事年数を表1-1、表1-2にそれぞれ示す。

　これらの表から、本調査の対象者は長く福祉職に従事している人がほとん

表 1-1　対象者の福祉職従事年数

年齢	人数
30代	2
40代	4
50代	5
60代	1

表 1-2　対象者の福祉職従事年数

経験年数	人数
なし	1
10年未満	0
10年以上15年未満	6
15年以上20年未満	2
20年以上	2
未記入	1

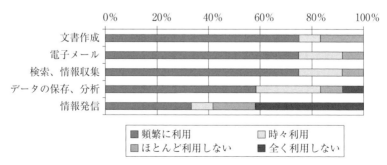

図 1-1　職場でのパソコンの利用状況

どであり、福祉の現場を熟知していると考えられる。その人たちに対し、「あなたの職場では、次の目的でコンピュータをどの位の頻度で利用していますか？」という質問で福祉の現場のコンピュータ利活用状況を調査した。その結果は図1-1の通りである。

　これらのことからわかることとして、2013年の調査の段階でも、福祉の現場では情報化がある程度進んでおり、比較的高齢の福祉職従事者でも情報化に適応できるコンピュータスキルを身に付けていることが挙げられる。

　同じアンケート調査において「コンピュータを福祉の教育に導入する時のメリットは何だと思いますか？」の質問に対する主な回答は、取りかかりやすい（敷居が高くない）、時間や場所を選ばない、持ち物（参考書）を減らすことができる、若い世代の人向きという回答があった。それに対して、「コンピュータを福祉の教育に導入する時のデメリットは何だと思いますか？」の質問に対しては、振り返りがしにくそう、自由な発想がなくなるのではないか、使いにくい、思いや感情の部分が伝わりにくい、コミュニケーションを取る教育の難しさ、画一的な見方しかできない、人と関わる時間が少なくなる懸念、コンピュータアレルギーの人の反発を買うというものがあった。しかし、上でも述べたことと、図1-2に示した「あなたのコンピュータ操作能力はどの位ですか？」という質問の結果から、コンピュータスキルをある程度有しているものの、一部のコンピュータに不慣れな人に対するデメリットを考えていることが、これまでの福祉教育におけるICT導入の妨げになっていたのではないか

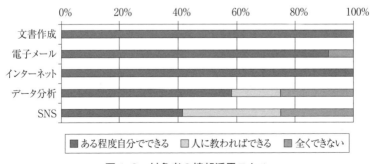

図1-2　対象者の情報活用スキル

と考えている。

　実際、「あなたは、コンピュータを積極的に福祉の教育に導入することに対して賛成ですか？」という質問に対し、賛成6名、反対0名、どちらでもない6名で、どちらでもないと回答した人の自由記述で、個人的には活用したくないが社会の状況から必要という意見、デメリットを克服すれば賛成という意見、ITスキルに対する不安や自分がアナログ人間であるためという意見と、環境より個人的な感情が集団となり形成され、福祉教育へのICT導入に至らなかったのではないかと考えることができる。

第3節　他領域におけるICT活用教育の進展

　現在の学生はスマートフォンを使いこなし、画面操作にも長けている。そういった意味では、福祉教育、特に高校を卒業したばかりの年代に対して、ICTを活用した専門職教育を行っていくことは自然な流れなのである。これらの調査や研究成果を踏まえると、福祉教育においてICTを「導入した方がよい」のではなく、「導入しなければならない」という危機意識を持ち、より効果的・効率的な教育手法を用いることで、より高度なスキルを獲得できる福祉専門職の創出に取り組んでいく方向になると予想される。

　実際、初等中等教育機関では、「教育の情報化」という名のもとに、情報教育の推進、教科指導のためのICT活用、校務の情報化を目指し、文部科学省が中心となり様々な施策を行ってきた。例えば、学校にPCをより多く配置する、電子黒板、プロジェクタを導入するといったハードウェアの増強、学校内のコンピュータネットワークの強化、教員への情報活用研修といったソフト的な推進などが挙げられる。筆者は、コンピュータが総合学習の場のみで使用されていた現状を打破し、教科指導にICTを活用した学習システムの構築とそれを活用した実践研究を行っていた時期がある。筆者らが開発していたのは、小学校中学年（3、4年生）を対象とした作曲用教材で、教育の情報化という言葉が出始めた時期であることも影響し、非常に多くの小学校から依頼があり、授業実践活動を活発に行うことができた。

研究当時は、開発した教材をパソコンにインストールしなければならない制約から筆者の所属機関からノートパソコンを20台持参して授業準備を行い、筆者の研究室学生がゲストティーチャーとして講師を担当するなど、テクノロジーの面でも教職員のスキルの面でも正規の教科でICTを活用した授業を展開する環境は整っていなかった。しかし、現在では、テクノロジーの進歩によりパソコンにインストールせずにウェブブラウザ上で気軽に動作させる教材が開発できるようになったり、教師の情報リテラシーの向上に伴いパソコンを活用した授業のバリエーションが増えたり、児童一人につき1台の情報端末を持ち、それを最大限に活用した授業の実証研究（フューチャースクール推進事業）が行われるまでになった。

　これまでの筆者の教育の情報化に関する研究、福祉教育におけるICT活用に関する研究から、今後、社会福祉士を養成している大学、専門学校でも教育の情報化が浸透していくと予想している。その一方で、学生の個人情報だけではなく、相談援助実習先の施設の日誌など機密性の高い情報を保存し、かつ、教員と施設側の指導者で共有するなど、技術的にも情報モラルの点からもハードルの高い課題が多く存在することは想像に難くない。それらの課題を乗り越え、福祉教育の情報化を実現することで、効率的にできる業務内容は負担を軽減して、その分多くの時間、学生と顔を合わせて、より密接な指導を行うことができる仕組みづくりが私たちには求められるのではないだろうか。

　ICTを活用できる土壌がないことに加え、福祉教育を対象とした教育工学研究が進んでこなかった理由として考えられるのは、福祉に従事する者にとって、対人援助をスムーズに行うためのコミュニケーション能力が重要であり、それらは実際の経験でのみ育成されるという考え方が根強いからであると思う。看護教育においては、患者とのコミュニケーションスキルを測る指標、および、コミュニケーション能力を向上させる事例は存在する（例えば、藤崎[3]、Makoul[4]、村中・髙橋・鈴木[5]）が、それらの知見を福祉領域で応用する、あるいは、独自で教材開発や教育実践を行っている取組みがほとんど公表されていない。福祉職従事者が足りない現実を考えると、大学や専門学校における教育の場でコミュニケーションスキルを身につけようとすることが重要になる

と考えられる。医療・看護領域に倣い、福祉教育においても教育工学的なアプローチで教材の開発、教育の実践が進んでくれればと願っている。

第4節　福祉教育において有用な教育工学の知見

　本節では、福祉教育において役に立つ可能性の高い教育工学の知見を三つ紹介したい。1つ目は、インストラクショナルデザイン（Instructional Design）に関連するものである。インストラクショナルデザインにおいては、学習者や教える内容を「分析（Analysis）」し、教える内容を「設計（Design）」した後、教材などを「開発（Development）」・準備をして、実際に授業を「実施（Implement）」し、終了後に「評価（Evaluation）」し、次の改善に繋げるシステム的アプローチを取ることが基本となる（ディック 他[6]）。一般的な初等中等教育機関の授業では、学習指導案が用いられ、時間順に、導入、展開、まとめと進めていく。これは、ガニェの9教授事象という授業構成を分析した知見によるものである。導入は、1. 学習者の注意を喚起する、2. 学習目標を知らせる、3. 前提条件を確認する、展開は、4. 新しい事項を提示する、5. 学習の指針を与える、6. 練習の機会を設ける、7. フィードバックをする、まとめは、8. 学習の成果を評価する、9. 学習の保持と転移を促す、に分類できる。社会福祉士など国家資格に関連する場合、授業内容も規定されていることが多いかもしれないが、教員が改めて、授業構成を見直し、再設計、改善を行っていくことがよりレベルの高い福祉に繋がって行くのではないだろうか。福祉専門職に従事する学生を育成するには、所定の課程を修了するまでにモチベーションをできるだけ保ち続けることが必要となっている。教育工学における動機づけに関する知見としては、ケラーのARCSモデルが有名である（例えば、ケラー[7]、鈴木[8]など）。学習意欲を「注意（Attention）」、「関連性（Relevance）」、「自信（Confidence）」、「満足感（Satisfaction）」の4つの要素で捉え、授業における問題の原因分析を行う方法も有効である。例えば、「注意」では学習者に興味・関心を持たせ、「関連性」では学んだことにより成果として何が得られるのかをわかりやすく提示し、「自信」ではやればできそう

であるという期待を持たせ、「満足感」では、授業で得た成果を活用する場を提供する取り組みがモチベーションの強化に繋がるであろう。学習者を観察、分析し、授業を設計することが非常に重要になることが分かって頂けたのではないかと思う。インストラクショナルデザインに関する書籍は数多く出版されているが、例えば、鈴木[9]や稲垣・鈴木[10]が初学者にもわかりやすく書かれている。詳しくは、そちらを参照していただきたい。

　2つ目はeポートフォリオである。eポートフォリオは、日々の活動や行動をデータとして記録し、その情報を教員やメンターと共有し、活動の振り返り、それを踏まえた主体的な行動につなげるためのデジタルツールである。福祉職従事者や医療従事者を育成するためには、活動、実践から学ぶことが非常に重要であることは言うまでもない。活動、実践から学ぶときのアプローチとして、Kolbの経験学習モデル[11]が福祉関連でも頻繁に用いられている。現場実習やワークなどで「具体的な経験」をした後、振り返りを通して「省察的な観察」をし、そこで得られた学びを「概念化」し、次にはどう進めていくのか「新しい試み」をするというループを繰り返すものである。この経験学習モデル、特に振り返りをより強化するために、紙ベースによる振り返りシートや業務日誌などが用いられていると予想される。これも広義では（紙ベースの）ポートフォリオと言える。紙ベースのポートフォリオからeポートフォリオにすることにより、①内容の再配列や編集、統合が容易、②画像、音声、動画などのマルチメディア・データを扱うことが可能、③多量なデータを様々な記憶媒体へ保存可能で、複製も容易、④いつでもどこでもポートフォリオにアクセス可能、⑤地理的に離れた人と相互作用が期待できる、⑥コンピュータによる多種で大規模なデータ処理が可能、⑦計算／推論機能による機械的なデータ分析技術を利用した教育の実現が期待できる、の7つの利点が生じる（森本[12]）。紙ベースのポートフォリオでは、学生同士でのピアレビューや地理的に離れた指導者との連携を取ることが非常に難しいが、eポートフォリオはそれらを可能にする。また、これからビッグデータを活用できる時代が到来することを踏まえると、デジタルベースで学習成果（エビデンス）を蓄積しておくことで、福祉専門職教育に関する新たな知見を得られる可能性が高まると思われる。

3つ目として、学習評価手法の一つであるルーブリックを紹介する。学習評価のイメージとして、最初に思い浮かぶのは、筆記試験（俗に言うテスト）であろう。学習者が教育活動中に与えられた知識を習得したか否かは筆記試験で測ることができる。その一方で、対人支援技術（例えば、クライエントとの面接技法）を習得する教育活動では、学習者に筆記試験を課し、望んだスキルを得ることができたか否かを正確に測ることは難しい。福祉専門職教育では、与えられた課題に対し、学習者がどのように考え行動したかをできるだけ正確に評価することが求められると思われる。石井は、「人が実際に思考したり実演したりしている様子を直接的に評価する方法」をパフォーマンス評価と呼んでいる[13]。ルーブリックは、このパフォーマンス評価で用いられる評価手法である。ルーブリックについて、石井[14]は、「成功の度合いを示す数値的な尺

表1-3　ルーブリックの例

	秀 Capstone 4	優 Milestones 3	良 Milestones 2	可 Benchmark 1
能力を身につけること Acquiring Competencies このステップは、ある特定の領域について、戦略や技能を修得することに言及する。	Reflect：内省できる 該当領域を評価する上で適切な基準を用いることで、創造的なプロセスと成果物を評価することができる。	Create：創造できる その領域にふさわしい全く新しいもの、解決策、考え方を創造することができる。	Adapt：適応できる 適当な手本を自分の仕様にうまく適応させることができる。	Model：倣う 適当な手本をうまく再現することができる。
危険負担 Taking Risks 課題をうまくなしとげようとする際に、個人的なリスクや失敗のリスクを含んでいること。	最終成果物を見ると、課題に取り組む際に、実証されていない、潜在的に危険な方向やアプローチを積極的に探し出し、努力してやりぬいている。	最終成果物の中に、課題を解決するための、新しい方向性や取り組みを組み入れている。	課題についての指針を越えることなしに、その範囲内で、新しい方向性や接近方法を考えている。	課題についての指針の範囲内に、完全にとどまっている。
問題解決 Solving Problems	問題を解決するための論理的で一貫した解決策を発展させるだけではなく、解決策の帰結を認識し、解決策を選択するに居た至った理由を、はっきり述べている。	複数の選択肢の中から解決策を選ぶことで、その問題を解決するための論理的で、一貫性のある解決策を展開している。	多角的によく考え、その問題を解決するにあたって受け入れることのできない方法を却下している。	たった一つの方法しか検討されておらず、その方法が問題解決のために使われている。

度とそれぞれの尺度に見られる認識や行為の特徴を示した記述語（評価規準）から成る評価指標」と述べ、松下[15]は「パフォーマンスの質を段階的に評価するための評価基準のこと」と述べている。ルーブリックの一例として、文部科学省で示されている平成24年11月19日の中央教育審議会高等学校教育部会の発表資料[16]のルーブリックの一部を表1-3に示す。

表1-3に示した通り、ルーブリックは学生が何を学習するのかを示す評価規準と学生が学習到達しているレベルを示す具体的な評価基準を表形式で示したものになっている。文部科学省が示した同じ資料で、ルーブリックの一般的な特徴として、パフォーマンス評価を通じて思考力、判断力、表現力等を評価することに適していることや、達成基準が明確化され、複数の評価者による評価の標準化がはかられることなどを示している。学習活動をルーブリックにより評価することで、福祉で求められるスキルに対し、教員間で差がある評価を避けるためには有用な方法である。

野本は、ルーブリックを使用することのメリットとして、学生自身がどの程度まで努力すればどのような評価がもらえるのか、行動指針が明確になること、学生が自らの学習活動を評価できること、異なる人が評価しても同じ結果が得られることなど、評価が客観的に行えることを述べている[17]。しかし、松下はルーブリックの開発、運用に時間と労力がかかることを指摘しており[18]、すぐに対人支援技術を適切に客観性をもって評価できる手法を開発することは難しいが、福祉専門職教育のさらなる発展のためには、避けては通れない課題になると予想している。

福祉専門職に従事するためには、知識も必要であるが、思考力、判断力、コミュニケーション能力など非常に高度な力を求められる。従来の学習評価では現状を乗り越えられないのは明白である。

第3章以降で詳しく述べられるが、筆者らが開発した教材を活用することで、模擬面接の振り返りに焦点を当てていること、振り返りの自由記述を設け、自由な発想を持たせること、コミュニケーションを取る教育の基礎に利用していること、模擬面接における基礎、いわゆる絶対に欠かせない視点を強調できること、スマートフォンなどで授業時間以外に学習することができることなど、

これまでの問題点をほとんど全て解消することができた。しかしながら、新たな課題もある。例えば、いつでも勉強できる環境にあるため、自ら学ぶ意欲を継続して持ち続けていく必要がある。そのため、福祉職のリアルに近い経験を低学年時からさせるような取り組みなど、他の対応が求められていくであろう。教育工学やICTを活用した教育により、福祉専門職従事者の質が高まることを願っている。

参考文献

(1) 坂元昂、永野和男、岡本敏雄　編著："教育工学とはどんな学問か"、ミネルヴァ書房、京都（2012）
(2) 佐藤貴之、坂本毅啓：福祉専門職教育における情報技術を用いたシステム導入の検討、教育システム情報学会研究報告、Vol.28、No.1、pp.74-79（2013）
(3) 藤崎和彦："学生の主体性と創造性を養う教育技法 ― 模擬患者(SP)による医療者のコミュニケーション技能教育"、日本看護研究学会誌、Vol.21、No.2、pp.68-71（1998）
(4) G. Makoul："Communication skills education in medical school and beyond", The Journal of the American Medical Association, Vol.289, No.1, p.93（2003）
(5) 村中陽子、高橋充、鈴木克明："対人コミュニケーション・スキルのタスク分析とエゴグラムを活用した診断システムの開発"、日本教育工学会論文誌、Vol.30、No.4、pp.343-353（2007）
(6) W. Dick, L. Carey, J. O. Carey（角行之監訳）："はじめてのインストラクショナルデザイン"、ピアソンエデュケーション、トリノ（2004）
(7) John. M. Keller（鈴木克明監訳）："学習意欲をデザインする：ARCSモデルによるインストラクショナルデザイン"、北大路書房、京都（2010）
(8) 鈴木克明："放送利用からの授業デザイナー入門 ― 若い先生へのメッセージ"、財団法人日本放送協会（1995）
(9) 鈴木克明："教材設計マニュアル　独学を支援するために"、北大路書房、京都（2002）
(10) 稲垣忠、鈴木克明："教材設計マニュアル ― 教師のためのインストラクショナルデザイン ―"、北大路書房、京都（2011）
(11) Kolb, D.："Experiential Learning as the Science of Learning and Development", Prentice Hall, Englewood Cliffs（1984）
(12) 森本康彦（小川賀代、小村道明　編）："大学力を高めるeポートフォリオ"、東京電機大学出版局、東京（2012）
(13) 石井英真（情報教育事典編集委員会　編）："パフォーマンスの評価"、丸善、東京（2008）

(14) 石井英真（田中耕治編）:"よくわかる教育評価"、ミネルヴァ書房、京都（2010）
(15) 松下佳代（佐伯胖　監修）:"「学び」の認知科学事典"、大修館書店、東京（2010）
(16) 文部科学省高等学校教育部会:"濱名関西国際大学学長提出資料"、http://www.mext.go.jp/b_menu/shingi/chukyo/chukyo3/047/siryo/__icsFiles/afieldfile/2012/12/07/1328509_05.pdf（2012）
(17) 野本ひさ:"成績評価法入門"、四国地区大学教職員能力開発ネットワーク、http://www.spod.ehime-u.ac.jp/contents/21_contents1.pdf（2010）
(18) 松下佳代（秋田喜代美、藤江康彦編）:"パフォーマンス評価による学びの可視化"、東京書籍、東京（2007）

第2章　ゲームを活用した教育の検討

佐藤　貴之

第1節　介護福祉士養成教育の動向

　前章では、ICTや教育工学の知見を活用することで効果的な福祉教育が期待できることを述べてきた。本章では、福祉領域におけるゲームを活用した教育手法について検討していきたい。

　福祉専門職のうち、介護福祉士養成教育では、介護サービスの質向上を目指し、介護福祉士取得者を増やすことを目的として2012年度より介護職員等実務者研修が開始された。この研修には、働きながら学ぶことができる環境が必要であり、かつ、2年以上の通学で学ぶのと同じ教育効果が求められる。

　実務者研修の教育内容のポイントは、社会人に受講しやすい教育環境の整備と、養成施設ルートと同様の到達目標を達成するというところにある。6ヶ月以上から数年間かけて、少しずつでよいので研修を修了してよいとされており、「在り方検討会」の報告書[1]においても「働きながらでも無理なく勉強することができるよう、教育水準を担保する措置を講じつつ、通信教育を積極的に活用することを想定」しており、「インターネットやテレビ放送を利用した教育も考えられる」と指摘している。

　ここに、大きな課題が発生してくる。それは、受講しやすい環境を整備し、通信教育を積極的に活用しつつ、どうやって通学課程である養成施設ルートと同様の教育目標を達成するのかである。実践的な教育内容が求められるにも関わらず、いかにして社会人の独習を支援するような教育方法を展開するのか

が、重要な課題である。この課題克服のためには、従来のレポート添削を中心とした通信教育という手法では限界があり、達成は困難であろう。ましてや、「誰かで試してみる」ような「実験的」な教育方法は、人命を預かり、失敗が絶対に許されない介護の現場においては、倫理的に絶対あってはならない。

　そのため、単にレポート添削や放送授業をインターネットに置き換えた程度の教育方法ではなく、倫理的配慮を踏まえた教育方法を考えるためには、情報技術をフル活用することが今求められている。しかし、通信教育をはじめとして、これまで行われてきた教育方法では、学習者のモチベーションを高く維持し、かつ、大きい教育効果を得ることは大変難しいと考えられる。そこで、近年、注目を集めているシリアスゲームを活用して、これらの課題解決が可能か検討する。

第2節　シリアスゲームとは何か

　シリアスゲームとは、社会的な問題解決のためのゲームの開発・利用の総称である。シリアスゲームとは、Abtが教育を目的としたゲームの有効性について言及したことに由来し [2]、「教育をはじめとする社会の問題解決のために利用されるデジタルゲーム」が一般的な定義と考えられている。子どもの頃からゲームに親しんでいる者が増加してきたことに伴い、教育のみならず、医療福祉、公共政策などへ利用できる可能性があると藤本は示唆している [3]。

　ゲームを教育に利用するメリットとして、藤本は以下の5点を挙げている。
・モチベーションの喚起・維持
・全体像の把握や活動プロセスの理解
・安全な環境での学習体験
・重要な学習項目を強調した学習体験
・行為・失敗を通した学習

　従来のような教育方法のみではモチベーションを維持することが大変難しい。そのため、現在の介護福祉教育の考え方、すなわち、必要以上に遊びを導

入しないということを尊重しつつ、シリアスゲームによる教材作成に着手することは大きな意義があると考えられる。

また、介護の現場では失敗は許されない状況がある一方で、研修生の介護スキルの向上を目指すには、行為・失敗による学びも必要不可欠である。この一見矛盾する状況においても、ゲームを活用した教育であれば、失敗してもやり直しが可能であり、同じ状況を再現できるという環境を構築することは十分に可能であると考えられる。そのためには、コンピュータグラフィックス技術により、リアルで、かつ、再現性の高いモデルに基づく、仮想現実（Virtual Reality）に近い高度な技術があれば、実習に近い学習効果が得られる可能性は高い。しかし、これまで述べてきた介護福祉士養成教育の場において、特殊なデバイスを研修生に広く導入するのは無理がある。そのため、一般的な入力装置（マウス、キーボード、タッチパネルなど）で学習者の教育効果が得られるようなゲームを開発することが現実的であろう。

第3節　福祉専門職のゲームに対する意識

では、ゲームを導入した教育が福祉専門職従事者に受け入れられるのか、ゲームに関する意識を調査した結果について述べる。調査の対象者は、前章のICT活用に関する調査の対象者と同一である。ゲームに関する意識として、ゲームを活用した教材に予想されるメリット、デメリット、そして、教材の導入の賛否について質問した。

「福祉職員の知識や技術向上のため、ゲームなどの遊びを含めた教材を使用することのメリットは何だと思いますか？」の質問に対する主な回答として以下が挙げられた。

・取りかかりやすい（敷居が高くない）
・研修に対する拒否反応がなくなる
・身近に感じる
・若い人たちにはなじみやすい

また、「福祉職員の知識や技術向上のため、ゲームなどの遊びを含めた教材

を使用することのデメリットは何だと思いますか？」の質問に対する主な回答として以下が挙げられた。

- ・遊びで終わり、何も残らないのではないか
- ・ゲーム感覚で終わり、人に真剣に取り組めない
- ・「福祉の心」はゲームと一致しない
- ・実践には勝らない
- ・バーチャルと現実の間がわからなくなる
- ・福祉の現場を遊び感覚として錯覚する恐れ

このデメリットの自由記述を見ると、これまでのゲーム研究において指摘されてきた課題に加え、福祉従事者が持つ特徴的な意識が見えてきた。それは、福祉の心と福祉従事者の現場に対する真摯な態度である。福祉の現場は、最悪、命を落としかねない失敗をしないよう真摯に対応しなければならない場であり、それを遊びとして捉えることは決して容認できるものではないという感覚である。実際、グループインタビューにおいて、遊びという感覚がそもそも理解できないという意見があったことからもわかる。これに加え、福祉の技術は人と実際に関わり、振り返りを行うことで積み上げていくことが必要不可欠であり、ゲームでそれを代替することは不可能ではないか？という意識があると推測できる。

そして、「あなたは、福祉教育においてゲームを教材の一部として加えることに賛成ですか？」という質問に対して、賛成が5人、反対が1人、どちらでもないが6人となった。賛成と回答した人の理由として、楽しんで学べる、本を読むよりわかりやすいのではないか、まじめなゲームならよいというものであった。また、どちらでもないと回答した人は、メリットとデメリットどちらもあるので一概に選ぶことができないというものがほとんどであった。これらのことから、ゲームを活用した福祉教育を行うには、題材、向上させたい技術の選定を慎重に行うことが重要であると考えられる。対人の実践が非常に重要であるという前提を踏まえつつ、教材を用いてどこまで、または、どのレベルまで教育できるかを検討していくことが大切である。

この結果を踏まえると、ゲームは若い世代向きで、取りかかりやすいという福祉従事者の肯定的な意識がある一方、業務の性質から発生する可能性のあるデメリットに対する不安があることや、ゲームや遊びという感覚に対する拒否と、そもそもゲームを活用した教育で何かメリットが生まれるのかいう技術に対する情報の少なさという否定的な点も持っている。そこには、「保守的、心理的抵抗」と「福祉職としてのプライド」という心理が働いているものと考えられる。これらをまとめたものを図 2-1 に示す。

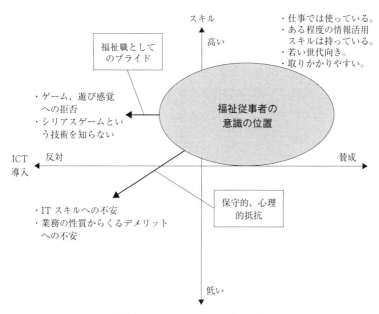

図 2-1　福祉従事者が持つゲームの導入に対する意識モデル

これらは、福祉領域がゲームや遊びになじまないというプライドと、まじめに、ストイックに取り組むべきであるという価値観から来ているのではないかという仮説が立てられる。福祉に携わる人は、保守的で、人間的な関係性を最重要視する傾向が強く、ゲームや遊びによる知識や技術の向上に対して心理的抵抗を持ちやすいのではないかと考えられる。この傾向は、特に中高年の福祉職従事者、さらには、保育分野などの子ども福祉分野よりも、介護を中心と

した高齢者福祉分野に強く見られることが経験的に推察される。この意識の壁を取り除くことは、短期的にできるものではなく、長い時間をかけて、意識を変化させる必要があるため、大きな困難が伴う。また、福祉従事者の意識の中で、福祉教育で考えられるデメリットを克服できる技術があると思えないという無理解も、教育システム導入に向けた大きな壁であると予想できる。例えば、ゲームを教育に取り入れても「福祉の心」は育たないというアンケートの回答があったが、本当に育たないのだろうか？　という根本的な疑問を回答者は持っていなかったのではないかと推測される。なぜなら、「福祉の心」は現実の人間関係の中からのみ形成されるものという保守的な解釈が前提になっているためである。

　今後この壁を乗り越えていくために、私たちはどのようにアプローチしていけばいいのであろうか。ここでは、3つの基本方針を提示する。

　一つ目は、相手、すなわち、福祉従事者に受け入れられる表現方法に合わせることで、拒否反応を取り除くことである。例えば、ゲームや遊びという言葉ではなく、疑似的体験などの表現に置き換えることが挙げられる。いくら教育効果が高いシステムを構築しても、相手に受け入れられなければ全く意味がない。導入を進めていくには、上記の調査結果をもとに、相手に誤解なく受け入れてもらえるよう慎重に表現を選ぶことが重要である。

　二つ目は、技術に対する無知、無理解を乗り越えるために、技術そのものを体験的に知ってもらうことである。アンケート調査で挙げられた、何も残らない、人に真剣に取り組めない、バーチャルと現実の境界がわからなくなるというデメリットは果たして本当なのか、福祉の現場で体験的に知ってもらうことで、それは単なる誤解なのか否かを十分に検証していく必要があるだろう。もしシステムの導入が実用的、実践的、かつ、効果的であるということが福祉の現場で理解された時、福祉の現場で積極的に浸透していくであろうと考えられる。

　このような取り組みを行うためにも、福祉現場におけるニーズ面と、教育工学やICTの技術面の両面から考えることが三つ目の基本方針である。例えば、介護福祉領域であれば、医療関係、人体構造、社会保障制度など必要とされる

教育内容を検討する必要があり、教育工学では、対人支援スキルを養成する技術がそもそも存在するのか、存在するとしたらどこまで実現できるのか、検証できているメリット・デメリットは何か明確にする必要がある。

　この調査からわかってきたこととして、「真面目なゲーム」であれば教育に導入してもよいと考えている人が存在することがあげられる。実際、教育工学領域では、ゲームを「シリアスゲーム」という言葉で捉え、教育に導入・実践を行なっている研究者が多いのは、この調査で示された「ゲームに対する抵抗感」に由来すると考えられる。

第4節　福祉教育におけるシリアスゲーム導入の検討

　次に、福祉専門職教育に対するシリアスゲームの導入の具体的な検討を進める。ここでは、社会福祉士養成教育で行われる相談援助演習における事例検討に焦点をあてる。事例検討とは、事例を通して社会福祉士としての価値、倫理、知識、技術、援助方法、そしてそれらの可能性や限界を検討する[4]ことで、相談援助演習における重要な学習項目の一つである。福祉専門職教育では、「理論および概念」と「実践」という二つの大きな柱の間を相互に関連付けることができる総合的な実践力の育成が重要であるとされており、事例検討は、その能力を身に付けるための一つの重要な手法であると捉えることができる。松山[5]は、事例検討の授業にグループディスカッションを導入することが学習者のソーシャルワークの思考を身に付けることに役立つと述べている。松山の成果は、学習者が能動的に授業に参加することで内省的な観察の能力を高めることができると解釈できる。しかし、グループディスカッションでは、与えられた事例に対する当事者意識の高低差が学習者の間で非常に大きいことが推測され、その差が学習効果に影響を与える可能性が高いと考えられる。すなわち、授業で取り上げられた事例が学習者本人の事例であるという意識を持つことは事例を実践経験に近い感覚を持たせることに繋がり、より高い教育効果を得ることができると筆者らは考えている。そのため、当事者意識をより強く持ってもらうための教材を検討する。

社会福祉士養成教育では、ソーシャルワークの理論と方法の理解を目的とした講義科目と習得した知識、技術、価値を現場で活用するという実習科目、すなわち、「理論および概念」と「実践」を二極に配置した構造となっている。社会福祉士養成教育における相談援助演習は、上で述べた二極を相互に関連付け、経験から学び、学んだことを新しい状況で適用する能力を身に付ける科目として位置付けられている。演習の形態は、個別指導並びに集団指導を通して、具体的な援助場面を想定した実技指導（ロールプレイング等）を中心に行うことになっているため[6]、演習における学びは経験から学ぶという経験学習が中心となる。

経験学習について、Kolb[7]は、具体的な経験を通して、内省的な観察、すなわち、振り返りを行った上で抽象的な概念化を試み、そこで得た理論を新しい場で適用するという一連のプロセスを通して学習が行われるという経験学習モデル（Experiential learning model）を示している。Kolbの経験学習モデルを図2-2に示す。

看護と同様、福祉は経験をすることが重要視される領域であるが、福祉職の従事経験がなく、ソーシャルワークを学んでまだ間もない学生にとって、実際の相談援助のイメージがわきにくいことは容易に想像がつく。そのため、相談援助演習のための教育ガイドライン（案）では、具体的な相談援助事例を体系的に取り上げることが求められ、演習初期の段階で、ソーシャルワークの具体的な事例をロールプレイやグループワークを通して学ぶことが効果的であると

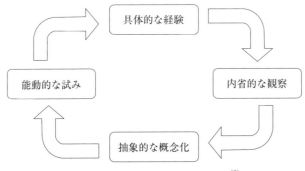

図2-2　Kolbの経験学習モデル（和栗[8]より作成）

書かれており、実際に演習で活用しているところがほとんどであろうと推測できる。

　先ほど述べた Kolb のモデルからわかるとおり、総合的な実践力を必要とする福祉専門職において、多くの事例を「経験すること」が福祉専門職従事者のスキル向上に繋がるはずである。そのため、事例検討やケースメソッドを活用することなども先ほど述べた教育ガイドライン（案）には示されていると考えられる。

　相談援助の事例集が書籍として出版されている（例えば、澤[9]）が、私たちは、書籍を通して事例検討を行うことが「具体的な経験」に繋がるとは言えないと考えている。なぜなら、書籍を通して事例検討する場合、良くも悪くも客観的、あるいは、当事者意識の薄い中で学習している可能性が否定できないからである。やはり、学習者本人が与えられた事例を「経験した」と思える、つまり、当事者意識を持たせることが重要であり、具体的な経験が良質であれば、より価値のある学びへとつながっていくと考えられる。学習者がストーリー性の高いゲームをプレイすることで没入感が高まり、目の前に与えられた事例を「具体的な経験」と感じることで、従来の教育手法に比べて教育効果が高まるのではないかと考えている。

　ソーシャルワーク関連で市販されている事例集を見ると、ストーリー性が高く、状況が緊迫したものが多い。そのため、事例集の内容をもとにしたシミュレーションゲーム、あるいは、ロールプレイングゲームを作成するという方法が最初に思い浮かぶ。ソーシャルワーカーとなった主人公がクライエント（援助を必要としている人）に起こっている様々な困難を読み解き、援助し、問題解決の方向へ導くという流れがまず考えられる。学習者とゲームの主人公を重ね合わせ、ゲームの中で起こっている困難がまるで自分が担当しているクライエントの困難であるかのように感じさせる環境を構築することが重要であると考えている。

　そこで、ゲームブック（アドベンチャーゲームブックとも呼ばれる）の形式で、ゲームのストーリーを最初から最後まで展開できれば、デジタルゲームとして開発が可能であると考えた。ゲームブックは、数字が割り振られた文章で

構成され、読み手が文章中に書かれている選択肢から一つを選び、その選択肢に書かれている番号の文章を読む。それを繰り返して物語を進めていく本である。読者の選択肢の選び方によって結末が変化するため、一冊の本で多様なストーリーを楽しむことができ、デジタルゲームが広く流通するまで、子ども達の間で人気があったものである。

クライエントへの相談援助は、介入、アセスメント、計画、実践、評価・再評価を1回、あるいは、複数回繰り返していく形で行われる。ゲームのストーリーを組み立てるときも、この5つのフェーズの重要な局面で複数の選択肢を用意し、その選択肢に応じてストーリーを変化させる必要がある。

しかし、クライエントが抱えている課題は、人間関係、社会環境、健康状態など幅広く、かつ、それらが複合的に絡み合っている。そのため、クライエントが直面している環境、特に人間関係や心理的な状況を正確にシミュレートすることは難しい。つまり、取り上げた事例のストーリーしか正確に表現することができず、実際の事例から外れて分岐した先のストーリーはリアリティのない精度の低いものになってしまう危険性があるということである。当然のことながら、事例に対して適切な対応を学習者に提供する、すなわち、相談援助の手法を正しく学習できる教材でなければならないという必要条件がある。この二つの事項の対立に福祉領域を題材にしたゲーム開発の難しさが表れていると考えている。さらに、選択肢の中でどれを「正解」とするのか難しいというのも、開発の難しさを増幅させている大きな原因と考えられる。

これらの課題に対し、実際の事例以外（つまり成功例以外）に分岐した場合は、なぜこれではダメなのかを考えさせ、ゲーム側では選択肢を選んだ先の状況を提示せず、強制的に元のストーリーに戻すという利用方法が考えられる。また、現在活躍している社会福祉士を対象にアンケートを実施し、選んだ人が最も多い選択肢を正解にして、そのポイントの大小を競うという方法も考えられるであろう。

先ほど述べた正解が存在しない部分を解決する方法として、社会福祉士国家試験の事例問題の活用を検討する。公益財団法人社会福祉振興・試験センターが行う社会福祉士国家試験に合格すると社会福祉士の資格を得ることができ

る。この試験を受験できるのは、大学の福祉系の指定された科目を修得した者など厳しい制限があり、近年の合格率は18.8％（2013年）から27.5％（2014年）の間で推移している難易度の高い試験である。社会福祉士国家試験の事例問題は、事例が数行程度書かれ、5つの選択肢の中から適切なものを1つ、または、2つ選択する形式の問題である。設問には当然正解が存在するため、社会福祉士が身に付けておくべき基本的手法が試験問題と解答に表現されていると解釈できる。しかし、出題される事例の背景は短くコンパクトにまとめられており、ストーリー性を高く持った教材にするには難しい。従って、ゲームとしての性質を高めたものを開発するには、より一層の検討が必要である。なお、国家試験対策の教材としては、すでにNintendo DS用ソフト「マル合格資格奪取！ SPECIAL 社会福祉士試験」（メディアファイブ社）が販売されている。

　医療と同様、福祉の現場では、クライエントの状況を悪化させるような失敗を絶対にしてはならない。その一方で、「具体的な経験」をし、失敗を通してスキルアップする必要性もあると考えている。シリアスゲームは、前節に示した3つの基本方針を乗り越えるために位置付けられている研究分野であると言える。

第5節　ま　と　め

　これまで、福祉専門職教育におけるゲーム導入を検討してきた。福祉専門職の教育内容に直接アプローチするには、できる限り正確にクライエントの状況をシミュレートしなければならず、ゲームをデザインすることが非常に難しい。最近では介護従事者のためのゲーム教材の実践がある[10]ものの、福祉専門職教育の根幹にある内容に迫るゲーム教材が開発されていないのが現状である。

　そこで、教育効果を高めるためにゲーミフィケーションを活用するという方法もある。ゲーミフィケーションとは「非ゲーム的文脈でゲーム要素やゲームデザイン技術を用いること」[11]で、ゲーム全体を教材として用いるシリアスゲームとは異なるアプローチである。これまでも、遊びを意識した授業設計が

行われているが、意識的にゲームの要素を取り入れ、失敗しても安全な学習環境を構築し、具体的な経験をさせるための教育を検討していきたい。

参考文献

(1) 今後の介護人材養成の在り方に関する検討会編："今後の介護人材養成の在り方について（報告書）— 介護分野の現状に即した介護福祉士の養成の在り方と介護人材の今後のキャリアパス —"、厚生労働省社会援護局、東京（2011）
(2) Abt, C. :" Serious Games: The Art and Science of Games that Simulate Life in Industry, Government and Education", Viking Press, New York（1970）
(3) 藤本徹："シリアスゲーム　教育・社会に役立つデジタルゲーム"、東京電機大学出版局、東京（2007）
(4) 日本社会福祉士養成校協会　演習教育委員会："相談援助演習のための教育ガイドライン（案）"、社団法人日本社会福祉士養成校協会、http://www.jascsw.jp/pubcomme/20130402enshu_guideline_pubcomme.pdf（2013）
(5) 松山郁夫："実践モデルに関するソーシャルワーク演習"、佐賀大学文化教育学部研究論文集、Vol.17, No.2, pp.71-79（2013）
(6) 文部科学省高等学校教育局長・厚生労働省社会・援護局長通知："大学等において開講する社会福祉に関する科目の確認に係る指針"、19文科高第917号、厚生労働省社援発第0328003号（2008）
(7) Kolb, D. :" Experiential Learning as the Science of Learning and Development", Prentice Hall, Englewood Cliffs（1984）
(8) 和栗百恵："「ふりかえり」と学習 — 大学教育におけるふりかえり支援のために —"、国立教育政策研究所紀要、139, pp.85-100（2010）
(9) 澤伊三男　他："ソーシャルワーク実践事例集　社会福祉士をめざす人・相談援助に携わる人のために"、明石書店、東京（2009）
(10) 福山佑樹、"介護従事者のキャリアプランニングを支援するためのゲーム教材の実践：障害者介護施設を対象に"、日本教育工学会研究報告集、18（2）、pp.197-201（2018）
(11) ケビン・ワーバック　他：ウォートンスクール　ゲーミフィケーション集中講義、阪急コミュニケーションズ、東京（2013）

第3章 社会福祉士養成における模擬面接をより効果的に行うための教材の設計

佐藤 貴之

第1節 はじめに

　福祉・介護ニーズの高度化・多様化、サービス提供主体の多様化、施設収容保護型サービスから地域を基盤とした総合的かつ包括的サービスへの移行など、今日における福祉人材、特に社会福祉士に求められる質はこれまでになく高度なものである。

　福祉人材の質を向上させるために、既に介護人材養成の在り方検討会が、介護福祉士養成教育（介護職員等実務者研修）において従来の通信教育に加えてインターネットを利用した教育を検討すべきであることを示している[1]。これは、通常の大学生だけではなく、勉強する時間を取りにくい社会人に対する教育も考えていくべきであるということを意味しており、教育の質の改善、および、パラダイム転換が必要であることを示している。しかし、その一方で、ICT活用に関する研究は、ブログを活用した教育支援が数例ある程度である[2,3]。

　このような背景を踏まえ、筆者らは介護福祉教育や社会福祉教育でのICT活用を検討してきた。その検討の結果として、福祉の現場ではコンピュータを用いた業務が日常的に行われており、コンピュータに対して苦手意識はあるものの、福祉に関わる従事者の操作スキルは全く問題がないこと、従来行われてきた社会福祉士養成教育に対する課題がICTを用いて克服できる可能性があることを前章まで述べてきた。

　本章では、社会福祉士養成教育における相談援助演習を取り上げ、そこで行

われる模擬面接の授業を対象に ICT を導入した教材の設計を行う。模擬面接とは、相談に来た人（クライエント）の役と社会福祉士役の間の会話をロールプレイし、面接の疑似体験をするものである。

社会福祉士養成教育においては、「理論と概念」と「実践」という二つの大きな柱があり、その二つの柱の間を相互に関連付けられる能力の育成が重要である。すなわち、現場で得た実践の経験を振り返り、それを抽象的に理論化し、そこで得た理論を別な実践に生かすことである。これは看護教育と状況が似ている。さらに、職員の行動が人命に直接つながる可能性があること、スキルの向上には経験が欠かせないが実際のクライエント（または患者）で試す行為はしてはならないことなど、福祉専門職教育と看護教育の共通点は多い。

本研究で開発する教材と同様に、看護教育においてもシミュレーション教育により実践力を向上させようという取り組みがある[4]。これは看護の学びを構成主義の学習観に立って教育システムを構築したものであり、本書でも構成主義の立場からの教材の開発を検討していく。

第2節　社会福祉士養成教育のカリキュラム

社会福祉士とは、主に福祉ニーズを持った人に対して、直接的、間接的に関わりながら支援を行う専門職であり、国家試験を合格することで取得することができる国家資格である。大学における社会福祉士国家試験受験資格の取得には、表3-1で示した領域の指定科目を履修して卒業することが必要である。

表3-1 からもわかるように、社会福祉士養成教育では、ソーシャルワークの理論と方法の理解を目的とした講義科目と習得した知識、技術、価値を現場で活用するという実習科目、つまり、理論と実践を二極に配置した構造となっている。

社会福祉士になるために必要な知識、すなわち講義科目で習得できる知識については、これまでの教育工学などの知見を活用することで、ある程度効率的に習得可能であると考えられる。実際、国家試験受験用のニンテンドーDS 専用ソフト[5]をはじめとして ICT を活用した教材が既に開発されていることも

表 3-1　社会福祉士養成教育のカリキュラム

領域		時間数
人・社会・生活と福祉の理解に関する知識と方法		180
総合的かつ包括的な相談援助の理念と方法に関する知識と技術		180
地域福祉の基盤と開発に関する知識と技術		120
サービスに関する知識		300
実習・演習	相談援助演習	150
	相談援助実習指導	90
	相談援助実習	180
合計		1,200

理由の一つとして挙げられる。本章では、相談援助演習という科目を対象とし、理論と実践をつなぐ教育内容に対してICTを活用した教材の設計を目指す。

相談援助演習は、上で述べた「理論」と「実践」の二つを相互に関連付け、経験から学び（理論化）、学んだことを新しい状況で適用する（実践化）能力を身に付ける科目として位置付けられている。演習の形態は、個別指導並びに集団指導を通して、具体的な援助場面を想定した実技指導（ロールプレイング等）を中心に行うことになっているため[6]、演習における学びは、経験から学ぶという経験学習が中心となる。経験学習モデルとして、Kolbのモデル[7]があり、社会福祉士養成で標準となっている教員テキスト[8]、および、学生用テキスト[9]では体験的学習モデルという名称で記載されている。このことから、社会福祉士養成教育において、Kolbのモデルを踏まえて、理論化、実践化する能力を育成することが大変重要であることがわかる。

相談援助演習で行われる授業のうち、本章では、社会福祉士としてのコミュニケーションスキルの獲得における重要なワークである模擬面接を対象とする。社会福祉士におけるコミュニケーションスキルの位置づけを図3-1に示す。相談援助演習でコミュニケーションスキルを高めることは専門的な実践力を養うために重要な役割を担う。実際の授業では、「日常的なコミュニケーションから専門的コミュニケーションのレベルまで段階的に組み立てて展開」される[8]。

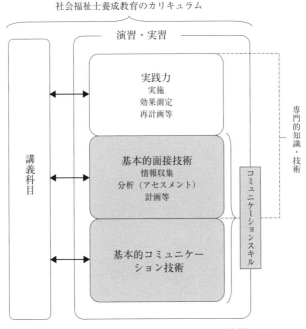

図3-1　コミュニケーションスキルの位置づけ

　本章では、大学の社会福祉士養成教育でよく利用されている演習教材[10]に掲載されている、面接技術を学ぶ模擬面接教材を取り上げる。模擬面接演習の位置づけと目標を図3-2に示す。この教材が終了すると基本的面接技術のステップに進むこととなり、現場実習でも必要不可欠な技術の習得の前段階に到達することができる。

第3節　模擬面接の教育方法とその課題

　従来の社会福祉士養成教育で行われている模擬面接の流れは、次の通りである。まず、2人組に分かれ、自由話題設定に基づきシナリオを作成し、他の学習者の前で実際に模擬面接を行う。他の学習者はその模擬面接を観察し、模擬面接評価票に基づいて面接におけるコミュニケーションの基本形、および、基

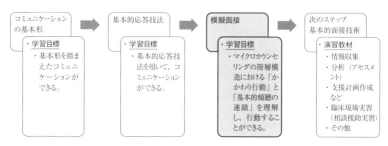

図3-2　模擬面接演習の位置づけ

本的応答技法が出来ているかを評価する。記入された模擬面接評価票は模擬面接実施者に渡される。全ての学習者は、この一連の流れを体験する。

坂本による現役の福祉従事者に対する調査において、社会福祉士に求められるコミュニケーションスキルを獲得するにはどのようにすればいいかという質問に対し、「経験を積むこと」、「訓練」、「ロールプレイ」などがキーワードとして目立つ。すなわち、Kolbの経験学習における「具体的な経験」が最重要であることを示していると考えられる。これらのことから、社会福祉士教育において、模擬面接という教育手法が学習者のコミュニケーションスキルの獲得に大きく寄与していると見ることができる。

先に述べた従来の形式による演習を行った場合の課題として、以下の4点が挙げられる。

① 前提知識の理解度に極端な差がある可能性

図3-2で示した通り、模擬面接に至るまでは、少なくともコミュニケーションの基本形、および、基本的応答技法を理解している必要がある。しかしながら、この部分の理解が欠如している場合、模擬面接がうまくいかないだけではなく、模擬面接評価票記入による評価の部分でも他の学習者に対して、悪い影響を与えてしまう可能性がある。

② 体験できる模擬面接は通常1回のみ

表3-1に示した通り、相談援助演習の時間は150時間であり、90分授業×75コマで演習の予定を立てていくことが一般的である。その中で、前掲した相談援助演習の教員テキストで示されているシラバスの例では、面接技

法に充てられている時間は3コマ分のみである。すなわち、1クラスが20人以内の少人数演習であったとしても、全員が2回の模擬面接を行うことは非常に難しい。

③ 教育効果はパートナーに大きく依存

　模擬面接は2人1組で行うこと、自由に話題が設定されることなどから、模擬面接で得られる学びは個々によって異なり、しかも質にバラつきが見られることは当然である。しかも、①と②も大きく影響し、学習者が演習で得られる教育効果の差は非常に大きくなると考えられる。学習者に対し、教育の質を担保するには、この点は特に注意しなければならない。

④ 模擬面接評価票が十分に活用されていない

　従来の方法であれば、確かに模擬面接を実施した学習者には模擬面接評価票による評価が届けられ、自分の模擬面接においてよかった部分、課題などが明確になると考えられる。しかし、学習者が自分以外の模擬面接を模擬面接評価票で評価する場合、他の学習者がどのように模擬面接評価票に記述しているか見えないため、内省的な観察の力を高めにくい。さらには、紙媒体のみで自分の学習成果を所有、保管することになり、学習後しばらくしてから評価票を利用するという方法をとることが難しくなる。

　ここに挙げた課題は、Kolbのモデルにおける「具体的な経験」の不足から来るものが大きいと考えられる。福祉職の現場では、コミュニケーションスキルを身に付けるには経験が最も重要であると考えられているものの、実際のクライエントで失敗することは出来ないため、できるだけ模擬面接の機会を増やし、経験していくことが必要である。

第4節　模擬面接用教材の設計

　これまで述べてきた内容を踏まえて、ICTを活用した模擬面接用教材について検討する。先ほども述べたように、新しい教材を開発する上で、具体的な経験が多くできる場づくりをすることが最優先されるべきであると考えた。また、前節の課題④に対しても、多くの模擬面接を見ることで部分的に解決すると考

えられる。つまり、他の模擬面接の動画を閲覧しやすい環境を構築することにより、この課題が解決できると考え、本教材ではクラウド上に模擬面接動画を蓄積し、教材を通じて模擬面接の動画を再生する形式を採用する。

　本教材では、従来の演習で活用されていた模擬面接評価票とほぼ同じ形式で、学習者が模擬面接の評価を記入できるようにし、記入したデータをサーバ上に蓄積する。評価の閲覧については、模擬面接に対する他の学習者による評価に加え、自分が他の学習者に評価した内容全てを閲覧できるようにする。その際、時系列での並べ替えや簡単な検索機能も付与する。

　構成主義の立場でオンライン教材を開発するにあたり、OliverとHarrington[11]（鈴木訳[12]）は、学習支援の要素を9項目提示している。その中で、熟達者が何を考え、何を行ったかを知る機会を作ること（熟達者の仕事をモデリング）や、学習過程のどの時点でも戻って記録を見直せることや熟達者のやり方や他のグループのやり方と見比べる仕組みを作ること（リフレクション）などは、本教材で活用すべきであると考えた。具体的には、学習者（学生）のみならず、社会福祉士として活躍している熟練者に模擬面接を行ってもらい、その動画を撮影、教材サーバにアップロードし、活用することで、質の高い経験をすることができると考えられる。

　本教材の主な使用場面は、（A）模擬面接動画の撮影と教材サーバへのアップロード、（B）模擬面接動画の閲覧、（C）模擬面接評価票への記入、（D）模擬面接の評価の閲覧が想定される。（A）では、教員がインターネットに接続されている教材サーバにアップロードすることを想定している。YouTubeなどの動画サイトに動画をアップして活用する方法も考えられるが、福祉という個人情報に大きくかかわるものであること、学習者の顔が不特定多数の人に公開されてしまうことなどの問題点から、動画は学内の教材サーバにアップロードし、IDとパスワードで閲覧できる人を制限する。（B）において、アップロードされた動画は、PC、および、スマートフォンで閲覧を可能にする。スマートフォンはPCに比べ、動画の閲覧に対するハードルは低い。そのため、無理なく簡単に模擬面接動画を見てもらうには、スマートフォンでの動画再生機能も実装する必要がある。

その一方で、(C) を行う場合、学習者がしっかり考えて模擬面接評価票を記述することが求められるため、多めの文章量が必要となる。入力すべき文章量が多くなると、タブレットやスマートフォンでの文章の記述はPCに比べて入力作業が難しくなると考えられる。従って、評価の記入については、PCのみで行えるものとする。しかし、(D) の記入された評価の閲覧については、PCの他にスマートフォンでも可能にする。

本教材を開発することで、学校以外でも授業前・授業後に動画を閲覧、評価の記入を行うことが可能となるため、これまでの模擬面接の教育で抱えていた予習・復習の困難性を解消することが期待できる。したがって、前節で述べた①から③の課題は解決できる可能性がある。さらには、反転授業などの形態を取ることも視野に入れることができるメリットもある。

ICT を活用することで、評価や動画をデータとして蓄積することが可能になり、模擬面接1回分の振り返りだけではなく、中・長期的な視点で自分の能力がどれくらい伸びたかも分析することができるため、ワークをその場でただ行っただけで終わるということも回避できる。

先ほど述べた (B) と (C) の機能を実現する動画閲覧・評価画面を図3-3に示す。画面の左上は実際の模擬面接を撮影した動画を表示し、左下にはその

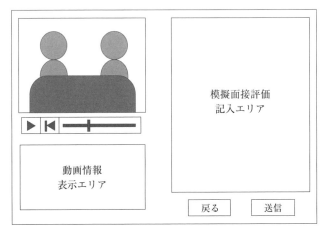

図 3-3　動画閲覧・評価画面

動画に関する情報（例えば、模擬面接のタイトル、テーマ、撮影日、ワーカー役の学習者の名前）を表示する。画面の右側にはこの動画を見ての評価を記入する。その際、評価項目、および、フォーマットは模擬面接評価票を使用する。これは、一般的な模擬面接教材で使用されているものであり、今回は従来使用していた模擬面接評価票をできる限り変えない形で表示、記入するように設計する。

第5節　まとめと今後の課題

本章では、社会福祉士養成教育で行われている模擬面接の演習授業におけるICT活用した教材の提案、および、設計を行った。理論と実践を繋げる教育が必要であることから、Kolbのモデルを活用し、教材の検討を行った結果、「具体的な体験」を増やすこと、従来使用されているプリント、教材をなるべく加工しないことを重視した。また、OliverとHarringtonが示した熟達者の仕事をモデリングする項目とリフレクションの項目に着目して教材の設計を行った。

本章の設計通り実装されることで授業の入れ物ができることになるが、次に課題となるのは、質の高い動画の作成、すなわち、教材コンテンツの検討、および、開発であると考えている。学生同士のロールプレイの動画についてはあまり検討する必要がないが、熟達者による模擬面接動画は非常に洗練されたものでなければならない。そのため、熟達者による模擬面接のシナリオ作成が次の段階で最も重要になってくると考えている。模擬面接の題材として、高齢者に関するものをはじめとして、障がい者、育児、病気、介護など福祉の現場でよく取り扱われるシナリオを十分に検討する必要がある。システム面では、YouTubeやニコニコ動画などのようにあるタイミングでコメントを表示できる機能を実装すれば、具体的な指導も可能になり、より効果的な教材とすることができる可能性がある。今後は、教材の外枠（システム）と中身（コンテンツ）の両面からより詳細な検討が必要である。

本章のようにコミュニケーションスキル向上を目的とした教材は、保育領

域、教育領域など対人援助職に広く応用することが可能であると考える。

　現在、待機児童という社会的問題により、保育士人材の確保が求められている。そこで、厚生労働省は潜在的保育士（保育士資格を有しながら、保育所等で働いていない者）の掘り起しに着目することで、一定数の人材を確保できるのではないかと考えている[13]。これを実現する方法の一つとして、家庭、職場など場所を問わずに学習できるeラーニングシステムが考えられる。実際に、保育e-Learning[14]などが立ち上げられ、自主学習、園内外の研修での利用が期待されている。このようなシステムに、本教材を加えることで、より教育効果が上がるのではないかと考えられる。

　さらに、持続可能な開発のための教育（ESD：Education for Sustainable Development）[15]において育みたい力として、持続可能な開発に関する価値観（人間の尊重、多様性の尊重、非排他性）やコミュニケーション能力が挙げられており、このような目的で本教材を利用すれば、学習対象者をより一般的に、かつ、より幅広い年齢層に適用できる可能性もある。

参考文献
(1) 今後の介護人材養成の在り方に関する検討会編："今後の介護人材養成の在り方について（報告書）— 介護分野の現状に即した介護福祉士の養成の在り方と介護人材の今後のキャリアパス—"、厚生労働省社会援護局、東京（2011）
(2) 古瀬徹、井上登記子："介護福祉士養成教育へのIT利用— 教材としての介護現場からのブログ—"、第20回日本介護福祉学会大会、発表報告要旨集（2012）
(3) 井上登記子、古瀬徹："介護福祉士養成教育へのIT利用— 介護現場から見た学生の意識—"、第20回日本介護福祉学会大会、発表報告要旨集（2012）
(4) 阿部幸恵："臨床実践力を育てる！ 看護のためのシミュレーション教育"、医学書院、東京（2013）
(5) 株式会社メディア・ファイブ："マル合格資格奪取！ SPECIAL 社会福祉士試験"、さいたま（2012）
(6) 文部科学省高等学校教育局長・厚生労働省社会・援護局長通知："大学等において開講する社会福祉に関する科目の確認に係る指針"、19文科高第917号、厚生労働省社援発第0328003号（2008）
(7) Kolb, D.："Experiential Learning as the Science of Learning and Development"、Prentice Hall, Englewood Cliffs（1984）

(8) 社団法人日本社会福祉士養成校協会編：“相談援助演習　教員テキスト”、中央法規出版、東京（2009）
(9) 社団法人日本社会福祉士養成校協会編：“社会福祉士相談援助演習”、中央法規出版、東京（2009）
(10) 山辺朗子：“ワークブック社会福祉援助技術演習②　個人とのソーシャルワーク”、ミネルヴァ書房、京都（2003）
(11) Oliver, R., Harrington, J.：“Using situated learning as a design strategy for Web-based learning”, Instructional and cognitive impacts of Web-based education, Idea Group Publishing, Hershey（2000）
(12) 鈴木克明：“詳説インストラクショナルデザイン：eラーニングファンダメンタル”、特定非営利活動法人日本イーラーニングコンソーシアム（2004）
(13) 厚生労働省雇用均等・児童家庭局：“待機児童の速やかな解消に向けて”、規制改革会議（平成25年3月21日）厚生労働省提出資料, http://www8.cao.go.jp/kisei-kaikaku/kaigi/meeting/2013/committee/130321/item3.pdf（2013）
(14) 社会福祉法人　日本保育協会：“保育士のための無料研修サイト　保育e-Learning”, http://e-learning2.nippo.or.jp/（2013）
(15) 文部科学省日本ユネスコ国内委員会：“ESD（Education for Sustainable Development）”, http://www.mext.go.jp/unesco/004/1339970.htm（2013）

第4章 社会福祉士養成教育における模擬面接でのICT活用によるコミュニケーションスキル獲得

坂本　毅啓

第1節　はじめに

　日本社会の急速な少子高齢化の進展は、社会全体における福祉ニーズの拡大と多様化をもたらした。そのような中、より質の高い福祉専門職の養成が必要となっている。厚生労働省も福祉専門職の一つである介護福祉士養成においてICTの活用を指摘している。

　しかし、そのような現状に対して、これまで福祉専門職養成に関するICTを活用した教育実践例や教材開発の研究は皆無な状態であった。そこで佐藤と坂本はこれまでに介護福祉士養成におけるICT活用の検討、福祉専門職養成におけるICT導入の課題、コミュニケーションスキルの獲得を目指した教材の開発といった研究に取り組んできた[1],[2],[3]。

　本章では、これまでの研究で作成したコミュニケーションスキル獲得を目指した教材を使用し、その学習効果について分析を行い、教材の改善点について検討した結果を報告する。本章で行った授業実践では、対象とした学生全員がスマートフォンによる学習画面を選択した。そのため、結果として、公衆回線を利用したスマートフォンによる教材の実証研究という位置付けになっている。本章では、本実践で表出した運用時の問題に関しても具体的に述べる。

第2節　教材の全体概要

これまでの研究で作成したコミュニケーションスキル獲得を目指した教材は、社会福祉士養成カリキュラムの中の科目「相談援助演習」の教材である。150時間の学習時間を、多くの大学では2年生から4年生にかけて履修する。本教材は、その中でも最初の段階で学習する内容であり、対人援助職として必要な面接技術の基礎を学び、マイクロカウンセリングに焦点化して実践的なコミュニケーション能力を獲得することを目的に開発をしたものである[4]。

教材を活用した学習全体の流れは、図4-1の通りである。基本的応答技法に関するチェックシートは、相談援助演習でよく使用されている教材を活用した[4]。なお、図4-1の「①準備」から「③評価」までの学習の流れと実践については、相談援助演習の授業教材として一般的に使われている内容である。例えば相談援助演習を担当する教員のための講習会教科書には、「テープ（IC）レコーダ、ビデオ・レコーダなどの機材を使用して、その録音・録画や逐語記

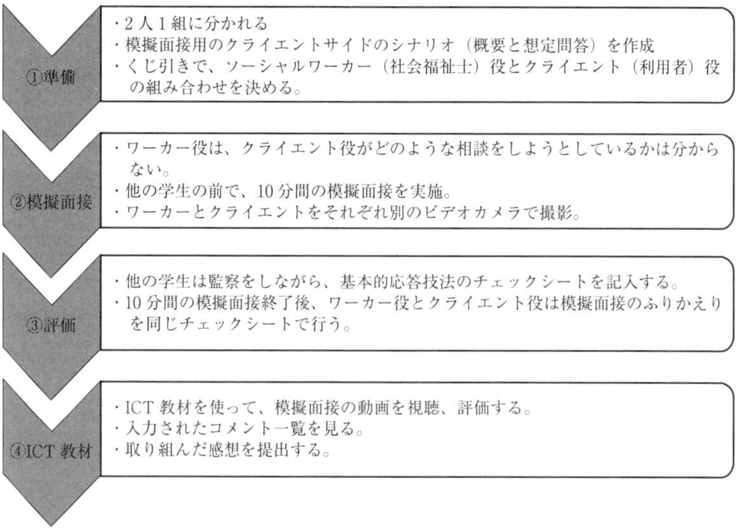

①準備
・2人1組に分かれる
・模擬面接用のクライエントサイドのシナリオ（概要と想定問答）を作成
・くじ引きで、ソーシャルワーカー（社会福祉士）役とクライエント（利用者）役の組み合わせを決める。

②模擬面接
・ワーカー役は、クライエント役がどのような相談をしようとしているかは分からない。
・他の学生の前で、10分間の模擬面接を実施。
・ワーカーとクライエントをそれぞれ別のビデオカメラで撮影。

③評価
・他の学生は監察をしながら、基本的応答技法のチェックシートを記入する。
・10分間の模擬面接終了後、ワーカー役とクライエント役は模擬面接のふりかえりを同じチェックシートで行う。

④ICT教材
・ICT教材を使って、模擬面接の動画を視聴、評価する。
・入力されたコメント一覧を見る。
・取り組んだ感想を提出する。

図4-1　模擬面接の全体の流れ

録などを活用」することを提起している[5]。

我々が開発に取り組んでいる教材において、必要な機能は相談援助演習を担当するための教員講習会教科書でも提起されているものと同様に、模擬面接場面を動画撮影できることと、さらに、ICTを活用してパソコンやスマートフォンによる相互評価を行えるようすることであった。本教材は、大学内のLMS（Learning Management System）のひとつとして導入されているMoodle上で動作するよう開発し、録画データを学生がパソコンやスマートフォンで閲覧し、各技法活用のチェックやコメントを入力することができるようにした。

第3節　教材を使用した授業実践と評価

開発した教材を用いて、実際の相談援助演習の授業で実践を行った。ここでは、実践の内容、学生アンケートの結果について具体的に述べる。

（1）実施概要

教材を活用した学習では、12名の学生が参加し、すべての学生が社会福祉士役とクライエント（利用者）役を担当し、模擬面接を行った。その際の演習室内での配置、撮影用のカメラの位置は図4-2の通りである。

図4-3はスマートフォン用の学習画面である。今回は社会福祉士役をした学生の表情が見える動画データだけを視聴し、基本的応答技法の各技法が活用できているかをチェックし、総合コメントを入力することが出来るようにした。学習画面はパソコン用とスマートフォン用の2種類を用意したが、12名全ての学生がスマートフォン用の学習画面を選択し、自ら所有しているスマートフォンを使用して学習に取り組んだ。

動画を活用して基本的応答技法ができているかをチェックするケース数は、90分の授業時間内で実施するという時間的制約から①自分が社会福祉士役をした面接、②自分がクライエント役をした面接、③シナリオ作成時のパートナーが社会福祉士役をした面接、④同じくパートナーがクライエント役をした面接の4ケースとした。

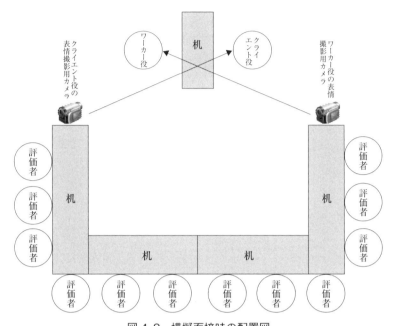

図 4-2　模擬面接時の配置図

図 4-3　学習画面（スマートフォン）

実施した際、1台の Android のスマートフォンにおいて原因不明の動画再生の不具合が生じた。これについては教員が用意していた予備の Android のスマートフォンを学生に貸与し、取り組んでもらった。さらに別の SoftBank 回線の iPhone5C においてチェックと総合コメントの送信ができなくなり、そのままシステムにログインできなくなるという不具合が生じた。こちらは教員が用意していた別のスマートフォンからテザリング接続することで、不具合を解消することができた。それ以外には特にトラブルも無く、すべての学生がこの教材に取り組むことができた。

第4節　実施後の学生アンケート結果

本教材による学習に取り組んだ後、取り組んでみた感想と、紙で模擬面接を相互評価することと何が違うかの2点について、google フォームを活用して自由記述型のアンケートを行った。

アンケートの分析方法としては、テキスト分析用のフリーソフト KH Coder [6],[7] を活用して頻出語句の抽出を行い、着目する語句をある程度絞った。そこから学生のコメントの全体的傾向をつかみながら、KJ 法によって類似するコメントを分類整理し、学習効果について考察を行った。

（1）3つの視点の獲得
まず学生の評価としては、大きく見て3つに分けることができる。
① 自己をふりかえる視点

●面談中は、自分のことに精一杯でなかなか分からないがこうして見ることで冷静に評価することができた。(学生①)
●面接中にしている、できていると思っていたことができてなかったりした。(学生②)
●実際自分がこういう風にしてると思いながらしたのと、録画でみるのは表情だとか受け答えだとか全く違ったとおもった。(学生③)
●自分のことを、客観的に振り返れてよかったなと思った。(学生③)

> ●クライエントに対してどんな顔を向けているかとか、声量とか態度とか、全ての振り返りが出来たので自己評価するにはとても良かったです。(学生⑦)
> ●自分の模擬面接を見て、自分がやっているつもりでも出来ていなかったところに気付けた。自分を客観的に見て他の人のと比べたり出来たのですごく勉強になった。(学生⑧)
> ●自分の姿を見るのは新鮮だった。映像で見ると自分を客観的に見ることができた。(学生⑨)
> ●自分自身を客観的にみれるので、良いところも悪いところもわかりやすくなります。(学生⑪)

　これらのコメントをまとめると、社会福祉士役をしている自分を、客観的に自己分析することが出来ている。社会福祉士としての自己を観察するという視点を得ることができていることが明らかになった。
　②　他者を評価する視点

> ●プラス部分を積極的に取り入れていこうと思いました。(学生⑤)
> ●ワーカーの細かな表情や仕草、クライエントに対する姿勢を、録画した動画では見ることができました。(学生⑤)
> ●他の人のを繰り返しみたことによって、生だけじゃわかりづらかった相談内容なども、理解することができ、それに対してのワーカー役の質問や対応の良いと感じた部分が多くありました。(学生⑤)
> ●客観的に見るよりも、よりクライエントの視点でワーカーの表情を見たり言葉を聞いたりすることができました。(学生⑥)
> ●表情や雰囲気作りを気をつけようと思っていたところが見るだけで伝わってきた。(学生⑨)
> ●今まで見えていなかったワーカーの様子や話し方が見えてきたのでとてもよかった。(学生⑩)

　これらのことから、他の学生が行った社会福祉士役を評価することができる視点を得ることができることが明らかになった。他者から学ぶという点で必要な視点である。

③ 第三者としてのメゾの視点

●ビデオでみると第三者のような目線から見れるので、客観的に観れてできたとこできてないところが分かりやすい。(学生②)
●動画で見るほうは、全体を見れる感じで見やすかったです。(学生④)
●生で見るよりも録画したのを見る方が客観的に見て評価出来た。(学生⑧)

この3つ目の視点は、いわば第三者としてのメゾ的な位置にある視点を得ていた。落ち着いて、全体を見ることができる点は、紙による評価では獲得しにくいと考えられる。

(2) 教室環境の制約からの解放

従来行ってきた紙によるチェックシートを利用していたときの全体の配置図が図4-2であった。ここで、評価者から見ると社会福祉士役の学生の表情が見えない、あるいは何をしているのかわかりにくいという位置があった。学生も「録画した方が正面からのワーカーが見れたのでワーカー（社会福祉士役）の表情やしぐさがよくわかった。(学生⑧)」とアンケートにコメントしていることからも、演習室という教室空間が持つ制約というのは存在してしまう。しかし、本教材はその制約から学習者が解放される効果があった。

「動画を見ながらだとほぼ画面内にはワーカーしか映ってないから、ワーカーの表情、身振り手振り、話し方に注目してきくことができた。(学生⑩)」という学生のコメントも、制約から解放される効果と言える。教室環境によっては雑多なものが背景に写り込んだり、他の評価者である学生も目に入ってくる。この教材は、模擬面接の評価するために集中しやすい環境を提供できると言える。

(3) スマートフォンならではの効果と課題

スマートフォンという点に着目すると、「スマートフォンで手軽にできるのがいいなと思いました。(学生⑫)」という良い評価もあった。3.1で述べたように、一部で不具合が見られたが、スマートフォンによる教材の開発という方

向性は学生にとって評価が高い。

　一方で「速度制限にかかったら大変なので容量が小さいと嬉しいです。(学生④)」という、学生ならではの意見もある。これに対しては、学内のWifi環境の活用することで解消できると考えられる。例えば12名の学生が一斉に使用した場合にどれぐらいのデータ量で通信し、回線にどれぐらい負荷をかけることになるのか、現在は計測をしていない。できるだけデータ量を小さくすることは、円滑な学習を進めていく上で要注意点の一つであると考えることができる。しかし、データ量を小さくすると、学習者が動画をきれいに見ることができなくなるというデメリットも考慮する必要がある。スマートフォンで本教材を利用する時、サイズはどれ位にすべきかというのも十分に検討する必要がある。

　さらに模擬面接をチェックした後に、他の学生によるコメントを閲覧することが出来るようになっている点について、「みんなからの評価も一覧で見れるのも良いです。(学生②)」と評価が良かった。ただし、スマートフォン用のコメント一覧画面において不具合が生じた。それは、コメントがスマートフォンの画面の幅に収まらず、さらにコメントの文章が縦長く表示されてしまい、コメントが読みにくいというものである。著者らは、パソコン版での学習が主なものになると想定していたため、本実践での学習者があえてスマートフォンでの学習を選択するのは意外であった。そのため、スマートフォン版の教材を中心に画面設計から検討していく必要があると考えている。

第5節　おわりに

　本章では、コミュニケーションスキル獲得を目的とした教材を開発し、それを活用して社会福祉士の相談援助演習における教育実践を行った。教材利用による効果を学習者は実感していたが、利用する回線、動画のデータ量、スマートフォンでの学習画面設計など課題も多く見られた。

　今回の結果を踏まえて、次は本教材の改善に取り組んでいくことにする。特にスマートフォンという特性を踏まえた改善を重点的に行いつつ、さらにルー

ブリックの作成と導入について述べることにする。

参考文献
(1) 坂本毅啓、佐藤貴之："介護職員等実務者研修におけるシリアスゲーム活用の検討"、教育システム情報学会研究報告、Vol.27、No.4、pp.34-37（2012）
(2) 佐藤貴之、坂本毅啓："福祉専門職教育における情報技術を用いたシステム導入の検討"、教育システム情報学会研究報告、Vol.28、No.1、pp.74-79（2013）
(3) 佐藤貴之、坂本毅啓："社会福祉士養成における模擬面接をより効果的に行うための教材の設計"、教育システム情報学会研究報告、Vol.28、No.5、pp.107-113（2013）
(4) 山辺朗子："ワークブック社会福祉援助技術演習② 個人とのソーシャルワーク"、ミネルヴァ書房、京都（2003）
(5) 社団法人日本社会福祉士養成校協会編："相談援助演習 教員テキスト"、中央法規出版、東京（2009年）
(6) KH Coder（http://khc.sourceforge.net/）
(7) 樋口耕一："社会調査のための計量テキスト分析 内容分析の継承と発展を目指して"、ナカニシヤ出版、京都（2014）

第5章　社会福祉士養成課程における模擬面接教材のルーブリック作成

坂本　毅啓

第1節　はじめに

　前章までで、社会福祉士養成課程において、特にコミュニケーションスキルを獲得する演習に着目し、ICTを活用した教材の開発について紹介してきた。次の段階として、これまで取り組んできた教材の形成的評価を行い、演習教材を通して学生が獲得すべきコミュニケーションスキルについてルーブリックを作成し、それに基づいたピアレビューを実施できるようにMoodleのモジュールの改良を行った。本章では、形成的評価から導き出された改善点に対して、どのような改善を行ったのかを示しながら、どのようなルーブリックを作成したのかを紹介する。

第2節　これまでに作成した教材とその効果

（1）相談援助演習における模擬面接への着目

　福祉の専門職である社会福祉士は、厚生労働省によって養成課程の教育内容が詳しく規定されている。その中で「相談援助演習」という科目は、通信教育課程においても必ず面接授業（スクーリング）が必須となっており、直接的対面を前提に、他者と関わりながら取り組む授業となっている。

　そのねらいとしては、社会福祉士として求められる個別援助、集団援助、地域援助といった、クライエント（要支援者）に対して実際に援助を行う能力

（スキル）を学内にて獲得することを目的としている。その中で我々が特に注目したのは、社会福祉士として必須の能力といえる援助的コミュニケーション能力の獲得である。

　この援助的コミュニケーション能力の獲得は、言語的・非言語的コミュニケーションに関する演習、そしてそれらを総合的に使えるようになるために、模擬面接を実施し、それをピアレビューすることを通して能力の獲得を目指す。従来、この模擬面接におけるピアレビューについては、教室内で集団が見守る中心で、社会福祉士役（ワーカー役）と要支援者役（クライエント役）を演じて、ワークシートに記入しながら行ってきた。教育環境によっては、マジックミラーのある模擬面接室やビデオカメラによる録画機能を持つような「模擬面接室」が設定されている大学もある。

　しかし、これらの従来の方法では①演じた際の自己の客観的観察ができない、②20名1クラスで実施した場合相当な回数（時間数）を要してしまう、といった課題があった。これを克服するためにビデオ録画した映像をDVD等で各自に配布するという手法もあるが、これは演習担当教員にとって多大な負担であった。そこで、効率的かつ効果的な教材を作成することを目指し、ICTを活用した教材の開発に取り組んできた。

（2）ICTを活用した模擬面接ピアレビューの流れとその効果

　ICTを活用した模擬面接の演習の流れは、第4章38ページの「図4-1　模擬面接の全体の流れ」のとおりである。第4章で示したように①自己をふりかえる視点、②他者を評価する視点、③第三者としてのメゾの視点の3つの視点を獲得できる効果があることが分かった[4][5]。

第3節　模擬面接教材におけるルーブリックの作成

（1）これまでに明らかとなった課題

　これまでに開発した教材の形成的評価を行ったところ、評価項目と評価基準が限定されており段階的習得及び発展的目標を学習者が分かりにくいという点

が課題として浮き上がってきた。

　模擬面接をピアレビューするにあたっての評価項目（開発したシステムの画面上ではチェック項目）について、当初のバージョンでは山辺（2003）を参考に、マイクロカウンセリングに基づく基本的応答技法のみに特化した内容であった[6]。さらに、もともと紙に記入するワークシートの書式から「○」か「×」の2つしか選択肢がなく、評価が大雑把であり、具体的にどうなれば「できている」と判断すれば良いのかが不明確であり、評価が行いにくい。模擬面接に取り組む前段階では、面接における基本形、面接における基本的応答技法について2コマ（90分×2回）の演習に取り組んでいる。しかしそれが、模擬面接において具体的にどの程度できれば良いのか、あるいはどのように段階的にできるようになれば良いのかがわかりにくく、評価する側も評価される側も到達度がわからないという課題があった。

（2） 模擬面接教材におけるルーブリックの作成

　そこで2016年度の相談援助演習において、模擬面接における評価項目（評価観点）と評価基準について段階的に示したルーブリックを学生と教員で作成することとした。なお、管見の限りでは、模擬面接におけるコミュニケーションスキルについてこのようなルーブリックを作成した研究は見当らなかった。

　Dannelle D. Stevens& Antonia J. Levi（2014）によれば、ルーブリックとは「ある課題について、できるようになってもらいたい事柄を配置するための道具」であるとしている。そして、「ある課題をいくつかの構成要素に分け、その要素ごとに評価基準を満たすレベルについて詳細に説明したもので、様々な課題の評価に使うことができる」ものであると述べている。ルーブリックの作成方法としては、第1段階：振り返り、第2段階：リストの作成、第3段階：グループ分けと見出し付け、第4段階：表の作成の、以上4つの段階を踏むことが基本である[7]。

　今回のルーブリックの作成に当たっては、Dannelle D. Stevensらの示した、教員と学生がルーブリックを作成する5つのモデル（表5-1）を参考にした。

第5章 社会福祉士養成課程における模擬面接教材のルーブリック作成　*49*

表5-1　ルーブリック作成の各モデルにおける教員と学生の役割

ルーブリック作成モデル	第1階段 振り返り	第2階段 リスト作成	第3階段 グループ化と見出し付け	第1階段 表の作成
1. 提示モデル	教員	教員	教員	教員、学生（質問する、自己の理解度を振り返る）
2. フィードバックモデル	教員	教員	教員	教員、学生（意見を出す）
3. 回収箱モデル	教員	教員、学生	教員、学生（学生の意見を分類する）	教員、学生（ルーブリックを完成させる）
4. ポスト・イットモデル	教員	学生	教員、学生（分類する作業をリードする）	教員、学生（ルーブリックを完成させる）
5. 4×4モデル	教員	学生	学生	学生

転載：Dannelle D. Stevens, Antonia J. Levi（2014），p.42.

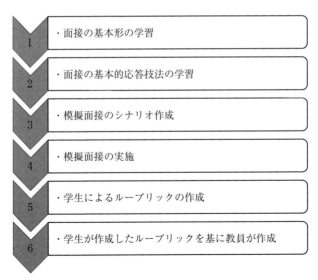

図5-1　ルーブリック作成の流れ

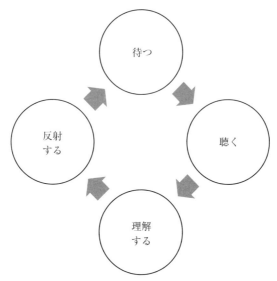

図 5-2　面接におけるコミュニケーションの基本形
出所：山辺（2003）、p.64。一部筆者が改変。

　学生とともに作成したのは、「学生の課題への取り組みが、学生側の誤解や理解不足によって評価につながらないという事態を回避」でき、「学生にとっても有益である」という理由[7]と、段階的な評価基準の設定は、「ある程度理解してしまっている教員」では難しいという理由の2点があったからである。
　これを踏まえて、図5-1のような流れでルーブリックを作成することとした。評価項目とその項目で求められる能力を教員が示し、それを「評価尺度1（要再学習）」、「評価尺度2（良）」、「評価尺度3（優秀）」の3段階で学生が基準案を作成するとういことをした。表5-1のモデルで言うならば、「3. 回収箱モデル」に近い方法であると言える。
　模擬面接における評価項目としては、先の山辺（2003）を参考に面接におけるコミュニケーションの基本形（図5-2参照）と、基本形の中の一つである「反射する」をさらに掘り下げた基本的応答技法の各項目（表5-2参照）とした。
　学生によるルーブリックの作成については1コマ（90分）授業の中で、受

表5-2　面接における基本的応答技法

① 内容の反射に関するもの
○単純な反射……クライエントの言葉をそのまま反射する。 ○言い換え……クライエントの言葉をワーカーの言葉で言い換えて、反射する。 ○要約……クライエントが語ったことを要約して反射する。 ○明確化……クライエントが語ったことを明確にして示す。
② 内容の反射に関するもの
○感情の反射……クライエントが語った感情をそのまま反射する。 ○感情の受容……クライエントが語った感情を受け入れて反射する。 ○感情の明確化……クライエントが語った感情を明確に示す。
③ 適切な質問
○開いた質問……質問に答えることによって多くのことが語れるような質問をする。 ○閉じた質問……はい、いいえ、あるいは答えが一言でいえるような質問をする。 ○状況に即した質問……面接の流れに合致した質問ができる。 ○避けるべき質問の認識……面接の支障となるような避けるべき質問が認識できる。
④ 情緒的な指示
○情緒的な指示の提示……クライエントを支えるメッセージを伝える。クライエントの健康さや強さを認めるメッセージを伝える。
⑤ 直接的なメッセージの伝達
○Ｉ（アイ）メッセージ……「私は」で始まる直接的主観的なメッセージを伝える。メッセージを一般化するのではなく、一人の人間としてのワーカーの思いを直接的に伝える。

出所：山辺（2003）、p.68。

講者15名の学生を5名1組の3グループに分け、演習のねらい、ルーブリックの説明をした上で、グループごとで作成に取り組んでもらった。グループで作成したルーブリックは授業終了後に提出してもらい、それを基に教員が評価項目ごとに評価基準を作成した。なお、教員が作成した段階で「評価尺度0（評価不能）」を追加した。これはピアレビューする模擬面接の動画の中で、その項目に該当するシーンが含まれていなかった場合にどうすれば良いのかという学生からの質問から追加した。なお、このような基準の設定については、福

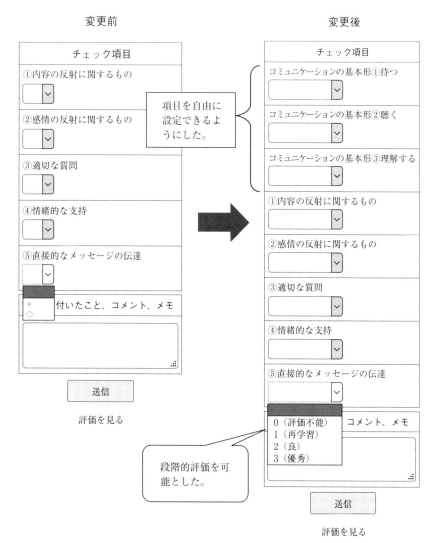

図 5-3　評価項目におけるルーブリックの反映

祉施設等で実施する相談援助実習の評価でよく使用されている[8]。

作成したルーブリックは最後に示す参考資料の通りである。このルーブリックに基づき、Moodle のモジュールを図5-3のように変更を加えた。

第4節 おわりに

このルーブリックを活用しながら、学生の能動的な学びを促し、コミュニケーションスキルが獲得できるのか、そのスキルを相互に評価することは可能なのかについて、次章以降で検討していくことにする。

参考文献
(1) 坂本毅啓、佐藤貴之：" 介護職員等実務者研修におけるシリアスゲーム活用の検討 "、教育システム情報学会研究報告、Vol.27、No.4、pp.34-37（2012）
(2) 佐藤貴之、坂本毅啓：" 福祉専門職教育における情報技術を用いたシステム導入の検討 "、教育システム情報学会研究報告、Vol.28、No.1、pp.74-79（2013）
(3) 佐藤貴之、坂本毅啓：" 社会福祉士養成における模擬面接をより効果的に行うための教材の設計 "、教育システム情報学会研究報告、Vol.28、No.5、pp.107-114（2014）
(4) 坂本毅啓、佐藤貴之：" スマートフォンによるコミュニケーションスキル獲得を目指した教材の開発 ― 社会福祉士養成教育における模擬面接での活用とその学習効果 ― "、教育システム情報学会研究報告、Vol.29、No.4、pp.49-54（2014）
(5) 坂本毅啓、佐藤貴之、中原大介：" 福祉専門教育における情報技術を活用した教育プログラムの開発とその効果 "、地域ケアリング、Vol.18、No.13、pp.52-53（2016）
(6) 山辺朗子：" ワークブック社会福祉援助技術演習② 個人とのソーシャルワーク "、ミネルヴァ書房、京都（2003）
(7) Dannelle D. Stevens, Antonia J. Levi（原著）、佐藤浩章、井上敏憲、俣野秀典（翻訳）：" 大学教員のためのルーブリック評価 "、玉川大学出版部、東京、（2014）
(8) 社団法人日本社会福祉士養成校協会編：" 相談援助実習指導・現場実習 教員テキスト "、中央法規、東京（2009）実習評価に関して「経験していない」を「E」と判断するという内容は、初版 p.290-p.302 に掲載されている。第2版では削除されている。

参考資料

●作成したルーブリック

	評価観点	評価尺度1 （優秀）	評価尺度2 （良）	評価尺度3 （要再学習）	評価尺度0 （評価不能）
コミュニケーションの基本形	① 待つ……クライエントが語りだすのを待つ。待つ姿勢を保ち、非言語的にクライエントが語りだすのを支える。クライエントが語り出すのが困難な場合は、適切な語りかけをして、語り出すのを促す。	●クライエントが語り出しやすいような和やか・安心できる雰囲気を醸し出し、語り出すのが困難な場面では適切な語りかけをして、クライエントが語り出すのを非言語的にも支え、語り出すのを待つことができる。	●クライエントが語り出すのを待つことができる。言語的、非言語的にクライエントが語り出せるように支援する姿勢がある。	●クライエントが語り出すのを待たず、話を中断して遮り、急かしたりする。あるいは、ワーカーが自分の話を長くしたり、ワーカーに落ち着きがない。	●視聴した映像の中に、評価観点に合致する映像が無かった。
	② 聴く……傾聴する。クライエントの述べる事に集中して聴く。非言語的にも傾聴していることを表す。また、適切な質問や促しも用いて（能動的傾聴）、クライエントがより多くのことを語れるように聴く。	●クライエントの述べることを集中して聴くことができる。目線・表情・態度からクライエントの意思を読み取ろうとしている。適切な質問や促しを用いて、クライエントからより多くのことを語れるように聴くことができる。	●クライエントが多くのことを語れるように聴く。述べていることに集中して聴き、非言語的にも傾聴していることが表れている。	●ワーカーの目線が合っていない等、クライエントの述べていることに集中して聴けていない。あるいは、クライエントの述べることを聞こうとせず、自分の意見を優先して話す。適切な質問や促しを用いる様子が見られない。	●視聴した映像の中に、評価観点に合致する映像が無かった。
	③ 理解する……クライエントの語ることをいくつかのレベルで理解する。それは、言語的理解〜クライエントの述べることを表面的に言語的に理解する、共感的理解〜クライエントの感情を共感的に理解する、メタファー（クライエントの言語の裏側にある真のメッセージの理解などである。）	●言語的に理解できており、クライエントの感情を共感的に理解できる。クライエントの言葉の背景を考え、真のメッセージを理解できる。	●クライエントの述べることを表面的に理解し、感情を共感的に理解することができる。	●クライエントの語る内容を理解できていない。クライエントの伝えようとしていることを反対に理解している。	●視聴した映像の中に、評価観点に合致する映像が無かった。

第5章 社会福祉士養成課程における模擬面接教材のルーブリック作成

	評価観点	評価尺度1（優秀）	評価尺度2（良）	評価尺度3（要再学習）	評価尺度0（評価不能）
面接における基本的応答技法	① 内容の反射に関するもの　単純な反射……クライエントの言葉をそのまま反射する。言い換え……クライエントの言葉をワーカーの言葉で言い換えて、反射する。要約……クライエントが語ったことを要約して反射する。明確化……クライエントが語ったことを明確にして示す。	●単純な反射と言い換え・要約を通して、内奥を明確化してクライエントに返すことができる。	●単純な反射と、言い換え・要約ができる。	●無反応。あるいはクライエントの意図に反する言い換え・反射をした場合に、修正することなくそのまま話を進める。	●視聴した映像の中に、評価観点に合致する映像が無かった。
	② 感情の反射に関するもの　感情の反射……クライエントが語った感情をそのまま反射する。感情の受容……クライエントが語った感情を受け入れて反射する。感情の明確化……クライエントが語った感情を明確に示す。	●反射や受容などを通して、クライエントの感情を明確化し、クライエントに返すことができる。	●クライエントの感情を反射・受容しながら、話を進めることができる。	●無反応。あるいはクライエントの抱える感情に反する言い換え・反射をした場合に、修正されることなくそのまま話を進める。	●視聴した映像の中に、評価観点に合致する映像無かった。
	③ 適切な質問　開いた質問……質問に答えることによって多くのことが語れるような質問をする。閉じた質問……はい、いいえ、あるいは答えが一言でいえるような質問をする。状況に即した質問……面接の流れに合致した質問ができる。避けるべき質問の認識……面接の支障となるような避けるべき質問が認識できる。	●開いた質問と閉じた質問を使い分けることができ、それに応じて展開ができている。状況に即した質問と避けるべき質問の認識ができる。	●開いた質問と閉じた質問を意識して面接することができる。	●適切な質問ができておらず、避けるべき質問の認識ができない。質問内容が面接の流れに合致していない。	●視聴した映像の中に、評価観点に合致する映像無かった。
	④ 情緒的な支持　情緒的な支持の提示……クライエントを支えるメッセージを伝える。クライエントの健康さや強さを認めるメッセージを伝える。	●クライエントに寄り添い、長所やストレングスを高められる、あるいは健康さ等の支えるメッセージを伝えることができる。	●クライエントを支えようとしているメッセージを伝えることができる。	●情緒的な支持の提示ができていない。あるいはクライエントを卑下したようなメッセージを伝えている。	●視聴した映像の中に、評価観点に合致する映像無かった。
	⑤ 直接的なメッセージの伝達　I（アイ）メッセージ……「私は」で始まる直接的・主観的なメッセージを伝える。メッセージを一般化するのではなく、一人の人間としてのワーカーの思いを直接的に伝える。	●クライエントに寄り添いながら、「私は」で始まる直接的・主観的なメッセージを用いて、ひとりの人間としてのワーカーの想いを伝えることができる。	●ワーカーの想いを直接的に伝えようとする意識が見受けられ、そのようなメッセージを伝えようとしている。	●受容的姿勢が見られず、他人事のようなメッセージを伝えており、曖昧な言葉で濁したりする。あるいはメッセージが一般化しており、ワーカーの想いを伝えようとする意識が見受けられない。	●視聴した映像の中に、評価観点に合致する映像無かった。

注：評価観点（評価項目）については山辺（2003）を基に作成した。

第6章 社会福祉士養成課程におけるICTを活用した模擬面接教材の評価分析

坂本　毅啓

第1節　はじめに

　日本社会における高齢化や経済的格差の拡大に伴う福祉ニーズの高度化や多様化など、今日における福祉専門職の社会的必要性は非常に高い。前章まででは、そのような社会的背景を踏まえた福祉専門職を養成する社会福祉士養成課程において、ICTを活用した教材の開発と形成的評価、ルーブリックの作成を行ってきた。これまで2014年度から2017年度までの4年間にわたって教材として活用し、形成的評価を繰り返してきた結果を踏まえて、筆者らが作成してきたICTを活用した模擬面接の演習教材について、特に教育効果について評価分析を本章では行う。その上で、社会福祉士養成課程における模擬面接を実施する中で、ICTを活用したことによって、学習者は何を得ることができたのかを述べる。

第2節　教材の概要と授業の展開

（1）模擬面接へ着目した背景

　福祉の専門職であり、クライエント（援助対象者、要保護者、要援護者、及びその家族等）の生活状況を的確に分析し、どのような福祉ニーズを抱えているのか、どのような支援が必要であり、どのような社会サービスをつなげていくことが必要であるのかを考えることが求められる。特に福祉ニーズを抱えて

いる人に対して、受容的、共感的な態度を基に言語的・非言語的コミュニケーションスキルを組み合わせながら、クライエントにとって口に出しにくいような生活の困難を聞き出し、そして気づく援助的コミュニケーションスキルが求められる。

　一方で社会福祉士は、厚生労働省所管の国家資格であり、養成課程のカリキュラム、時間数、内容に至るまで詳細に規定されている[3]。カリキュラムの中でも「相談援助演習」は150時間（1コマ90分×75回分）あり、その含むべき教育内容はケースワーク（個別援助）、グループワーク（集団援助）、コミュニティワーク（地域援助）、事例検討など、多岐にわたる内容が詳細に決められている。そのような中で、より実践的に援助的コミュニケーションスキルの獲得を目指したテーマが模擬面接である。

　一般的に模擬面接を演習で実施するには、グループで模擬面接を学習者が直接観察してフィードバックシートに記入したり、模擬面接を撮影して録画内容を個人や集団で視聴したりする。しかし、「これらの従来の方法では①演じた際の自己の客観的観察ができない、②20名1クラスで実施した場合相当な回数（時間数）を要してしまう、といった課題」があった[4]。効率的かつ効果的な教材を作成することを目指し、ICTを活用した教材の開発に取り組んできた。

（2）開発した教材の概要と授業の展開

　学習全体の流れは、第4章38ページの「図4-1　模擬面接の全体の流れ」のとおりである。この図の中で、②で模擬面接の場面をビデオカメラで撮影した後の、④の模擬面接場面を視聴・ピアレビューするためのコンテンツを開発した。さらに2016年から2017年にかけては、模擬面接を学習者が評価可能なルーブリックを作成し、第5章52ページの「図5-3　評価項目におけるルーブリックの反映」のようにピアレビュー画面の変更を行ったり、動画を視聴する中での気づきなどが共有できるように、動画に直接強調マークとコメントを書き込める機能を持たせるなど、バージョンアップを行った。

第3節 教材の評価分析

表6-1 これまでの実施状況

		模擬面接参加者	アンケート回答者	備考
実施年度 2014年度	度数	12	12	実施初年度、第4章で分析済み
2015年度	度数	8	7	1名は体調不良のために欠席
2016年度	度数	16	0	授業日程の都合からアンケート実施できず
2017年度	度数	8	7	1名は体調不良のために欠席
合計	度数	44	26	実施総数
本論の分析対象	度数	16	14	同数だった2015年度と2017年度を対象とした

(1) これまでの実施状況

相談援助演習の中の模擬面接を実施するための教材として活用してきた状況については、表6-1のとおりである。2014年度と2015年度は、第4章で紹介したとおり模擬面接を他の学習者が観察しながら紙にピアレビューし、後日、ICTを活用したピアレビューを行った。2016年度以降は、紙を使ったピアレビューを実施せず、個別に模擬面接を撮影し、ICTを活用したピアレビューのみを実施した。この中で、本章で教材としての評価分析をするために扱うデータは、学習者とアンケート回答者の数が同数である点を考慮して、

表6-2 学習者が使用したOS

			使用OS			合計
			Android	iOS	Windows	
実施年度 2015年度	度数		4	2	0	6
	実施年度の%		66.7%	33.3%	0.0%	100.0%
2017年度	度数		3	0	4	7
	実施年度の%		42.9%	0.0%	57.1%	100.0%
合計	度数		7	2	4	13
	実施年度の%		53.8%	15.4%	30.8%	100.0%

(注) 2015年度は無回答があったために母数が6となる。$P = 0.047 < 0.05$

2015年度と2017年度のアンケートとした。

（2）ピアレビューの方法と学習時間

図6-1　バージョンアップ後のスマートフォンのインタフェース

　模擬面接の動画のピアレビューで使用したパソコンのOSは、表2のとおりであった。2017年度は大学内のパソコンを活用してピアレビューを行う学習者が多かった。学習者によると、その理由は「その方が画面を見ながら評価できる」とのことであった。特に2016年度以降はルーブリックによる評価方法

図 6-2　バージョンアップ後のパソコンのインタフェース

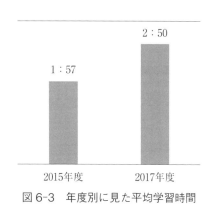

図 6-3　年度別に見た平均学習時間

に切り替えたことに伴って評価項目が増えたこと、そしてスマートフォンだと動画と同じ画面上に評価欄が表示されない（図 6-1）が、パソコンのディスプレイであれば動画と同じ画面上に評価欄が表示される（図 6-2）ことから、動画を見ながら評価を行うことができるようという、インタフェースの違いの影響を受けたと考えられる。

次にアンケートで尋ねた学習時間について平均学習時間を年度別に比較すると、2015 年度は 1 時間 57 分であったのに対し、2017 年度は 2 時間 50 分となっており（図 6-3）、ICT によるピアレビューのみ実施した 2017 年度は 53 分間より多くの学習時間を要して

いる。等分散を仮定しない（Leveneの検定、有意確率0.01）t検定の結果はp=0.031であり、有意な差であると認められる。このような違いは、2015年度までは直接模擬面接を見て一度ピアレビューを行っているのに対して、2017年度はICTを活用して模擬面接を初めて目にし、さらにルーブリックに基づいてそれまでよりも詳しく評価をすることが必要になったためと考えられる。なお、模擬面接に関する一連の流れに要する授業時間は、学習者の人数にもよるがICTのみにすることで1コマ（90分）から2コマ（180分）の短縮が可能となった。

第4節　教材としての学習効果

（1）量的分析

まずは教材としての学習効果を、2015年度だけ用意した選択肢型の質問項目の量的分析から進めていく。

2015年度は紙とICTの両方を活用したピアレビューを行っているので、どちらのコメントの方が役に立ったのかを尋ねた。その結果、表6-3に示したように概ねICTを活用したコメントが役に立ったという意見の方が多いことから、模擬面接を行う上でICTを活用することは効果があると考えられる。

紙とICTでは、どこが違うのかを集計した結果が表6-4である。客観的視点の獲得、自己評価、ワーカーへの評価、細かいところまで観察することができる等の項目の違いがあった。ただし、それは決して「冷静に評価することができた」（14.3%、1名）という訳ではないようでもある。

表6-3　どちらが役に立ったか（2015年度）

行ラベル	度数	割合
ICTでのコメントの方が役に立った。	3	42.9%
ICTでのコメントとプリントでのコメントは、同程度役に立った。	3	42.9%
プリントでのコメントの方が役に立った。	1	14.3%
総計	7	100.0%

表6-4 ICTと紙の比較（2015年度）

項目	度数	割合
自分を客観的に観察することができた。	7	100.0%
表情や声量、態度等、全てのふりかえりができたので、自己評価するにはとてもよかった。	6	85.7%
クライエントの視点でワーカーの表情を観察したり、言葉を聞いたりすることができた。	6	85.7%
ワーカーの細かな表情や仕草、クライエントに対する姿勢を、ICTを活用した方がよく観察することができた。	6	85.7%
自分の良いところも、悪いところもわかりやすかった。	5	71.4%
表情や雰囲気づくりに気を付けようと思っていたところが、見るだけで伝わってきた。	4	57.1%
動画で見る方が全体を観察できる感じで、見やすかった。	3	42.9%
ワーカーの様子がよく観察できた。	3	42.9%
自分の表情や受け答えが、思っていたのとまったく違った。	2	28.6%
自分を冷静に評価することができた。	1	14.3%
ワーカー役をしている時はできていると思っていたことが、できていなかった。	0	0.0%

（2）質的分析

次に2015年度と2017年度に共通した質問項目である、取り組んでみた感想の内容から、共通する文章を分類（KJ法）し、そこからこの教材によってどのような効果があったのかを見ていく。以下では、分類された感想の内、主なものだけを紹介しておく。

まず、最も記述した学習者が多かった内容は、「自己の新たな気づき（6人／14人）」である。これには「自分を振り返る点の方にとても使えた。（ID：2015-05）」、「自分のピアレビューを見るのは気が進まなかったが、見てみると、コメントでもらった内容の意味がよくわかった。（ID：2015-06）」が含まれる。紙で指摘されるだけよりも動画を視聴することでその指摘された内容を理解することができ、ワーカー役を行った学習者が自己をふりかえり、新たな課題等に気づくことができている。

次に多かったのは、「客観的視点の獲得（5人／14人）」である。「自分を客

観的に見ることができて良かった。(ID：2015-01)」や、「自分を客観的に見る機会はないので、とても良い経験になった。(ID：2017-02)」といった感想が含まれる。日常ではできない客観的視点の獲得をすることで、先述の「自己の新たな気づき」へとつながっていくと考えることができる。

　3番目に多かったのは、「ICTを活用した利点（5人／14人）」である。これには「時間的にも、自分の空いている時に取り組める事など、利点が多くあり良かったです。(ID：2015-04)」や「プリントでは、その場で感じたことを書いてもらえていて、ICTでは内容重視で書いてもらえていたように思ったので、2つをやることで、自分の解析がより深くできるのではないかと思う。(ID：2015-06)」といった感想が含まれる。スマートフォンなどのデバイスで、空き時間に取り組めるというのは社会人学生が多い社会福祉士養成課程、特に通信課程では有効な機能性であると言えよう。また、ICTの方が内容重視で書いてもらえていたという感想は、ICTを活用したピアレビューの方が自分のペースでじっくりと取り組めることで、ワーカー役の学習者にとってはより内容のあるコメントを得ることを通したより深い学習ができると言える。

　4番目に多かったのは「評価・コメント機能の効果（4人／14人）」である。これには「プリントでの感想よりも、具体的なアドバイス、評価ができたのではないか。(ID：2015-01)」、「ICTで見た方が相談内容も良く理解出来て、コメントが言い易かった。(ID：2015-02)」、「面接でのコミュニケーションの基本や成り立ちをコメント入力において振り返る事が出来た。(ID：2015-02)」といった感想が含まれる。これらから、ICTを活用した評価・コメント機能が学習に効果をもたらしていると言える。

　最後の分類は「反復的視聴による深い観察・評価（4人／14人）」である。これには「何度も見られる事で、頭に残りやすく自分の為に参考になりました。(ID：2015-04)」や「自由に動画を止めたり巻き戻したりできるため、とてもやりやすかった。(ID：2017-05)」といった感想が含まれる。ここからは気になった点などを何度も容易に見直せることは、ピアレビューにおいて意味あることだと分かる。

　以上見てきたように、感想文の質的分析から、教材には以上5つの学習効果

（3） ルーブリックの評価

2017年度のアンケートでは、2016年度から導入したルーブリックについての評価を自由記述方式で質問している。自由記述回答をKJ法で分類したところ、「評価基準が不明確（6人／7人）」が最も多かった。これには「基準があいまい（ID：2017-01)」や「優秀と良の違いを判断するのが難しかった。(ID：2017-02)」といった感想があった。ここから、作成したルーブリックが現段階においては基準が不明確であり、今後改善が必要であることを指摘している。特に「評価段階が多い方が評価しやすい。(ID：2017-03)」という指摘のように、現段階では優秀・良・要再学習・評価不能の4段階であるが、さらに多段階化・細分化した方が評価しやすく改善をする必要がある。

一方で、「ルーブリックがあることの効果（3人／7人)」として、「ルーブリックのような評価の基準が手元にあったので、やりやすさもあった。(ID：2017-04)」、「評価を見たときに、このような内容が求められているのだと感じた。(ID：2017-06)」と言ったような、積極的評価も見られる。特に本教材をとおして学ぶべき内容がわかりやすいという点は、ルーブリックを導入したことでDannelle D. Stevensらが指摘しているオンライン学習においてルーブリックを活用した時の「教育的存在感」を示したと言える[5]。

第5節　今後の改善点

（1） インタフェース操作説明の改善点

次に、本教材の今後の改善点と課題点について考えていく。まず、2016年度以降は2015年度実施までにわかっていたトラブルを改善し、新たに動画にマーキングできる機能を追加したバージョンであった。改めて2017年度実施の際に学習者に、新たに追加した機能について質問をした。その結果、「途中でマーカーを入力し、その部分のコメントを入れるとの説明だったように思うのですが、出来ませんでした。(ID：2017-06)」や、「パソコンの動画画面

の横幅が大きく、評価のしづらい所があった。(ID：2017-02)」、そして「一回、iPhoneで動画をみて、評価しようとしたとき、一番上の項目だけどうしても開けず、パソコンでやり直しました。他の項目は開きました。(ID：2017-05)」といったトラブルがあったことがわかった。

　新たに機能を追加し、操作について説明をしたものの、各自のデバイスでうまく操作できないことがあったことがうかがえる。これらのトラブルについて、筆者らは再現実験を行ったが、同様のトラブルの再現はできなかった。システムのバグというよりも、むしろ学習者が操作方法をよく理解できていなかったためではないかと考えられるため、2017年度の配布した操作説明書よりもより詳細な操作説明書を用意するとともに、パソコンとスマートフォンの両方を学習者の目の前で実演して理解させるような工夫が必要であると考えられる。

（2）演習課題としての改善点

　筆者らが開発した教材は、相談援助演習において援助的コミュニケーションスキルを獲得することを目指したものであることは先述したとおりであるが、そもそもとして、演習課題としての改善点も明らかとなった。

　まず、「そこまではなく、気付きも前後で変わらなかった気がする。(ID：2015-03)」という感想は、学習者によっては、紙かICTかは関係ないことはあり得るということである。これは、教育者側がICTを活用すればすべてうまくいくわけではないという、当たり前の確認とも言えるが、重要な点であろう。

　次に、「カメラがあることに意識がいってしまった。(ID：2017-01)」という感想は、カメラに撮影されるということが、学習する上で逆に阻害する要因にもなり得る可能性を示唆している。また、「初めての経験で、他の人に自分の映像が見られている、自分自身でも見る、それは正直抵抗はありました。(ID：2017-03)」という感想は、これまでの筆者らの研究発表でも指摘されて来た肖像権の問題とも関わってくる。これらについては、引き続き動画データの扱いについて検討が必要であると言える。

一方で「先輩の動画をみれるところがとても勉強になりました。(ID：2017-05)」、「お手本となる人の動画を見ることができて、良かった。(ID：2017-05)」という感想もあり、モデルとなるような先輩の動画や、プロフェッショナルの動画を視聴することは、学習者にとって有効であることも示唆される。肖像権の問題も視野に入れながら、本教材による模擬面接の演習課題を次に取り組む際には、モデルとなる動画視聴も一連の学習の流れの中に入れ込むように改善をする。

第6節　おわりに

本章では、筆者らが開発した教材を基に、実際に模擬面接の演習課題に学習者が取り組み、その学習効果と、システムの改善点と教育プログラムとしての改善点について評価分析を行ってきた。その結果、ICTを活用することでより効果的、かつ効率的な学習をすることができていることがわかった。今後は、今回の評価分析から見えてきた課題点を更に改善し、ICTを活用することで学習者が具体的にどう変化していくのか研究を進めていきたいと考えている。

参考文献
(1) 坂本毅啓、佐藤貴之："介護職員等実務者研修におけるシリアスゲーム活用の検討"、教育システム情報学会研究報告、Vol.27, No.4, pp.34-37（2012）
(2) 佐藤貴之、坂本毅啓："福祉専門職教育における情報技術を用いたシステム導入の検討"、教育システム情報学会研究報告、Vol.28, No.1, pp.74-79（2013）
(3) 社会福祉士・介護福祉士・社会福祉主事制度研究会（監修）："新訂 社会福祉士・介護福祉士・社会福祉主事関係法令通知集"、第一法規株式会社、東京、(2018)
(4) 坂本毅啓、佐藤貴之、中原大介："社会福祉士養成課程における模擬面接教材のルーブリック作成"、教育システム情報学会研究報告、Vol.31, No.6, pp.149-154（2017）
(5) Dannelle D. Stevens, Antonia J. Levi（原著）、佐藤浩章、井上敏憲、俣野秀典（翻訳）："大学教員のためのルーブリック評価"、玉川大学出版部、東京、(2014)

参考資料

●学習効果の質的分析に用いたアンケートの記述とその分類（記述は原文ママ）
1. 自己の新たな気づき（6人／14人）
   ① 実際自分で見ることで気づくことや反省する部分を見出せた。（ID：2015-02）
   ② 自分を振り返る点の方にとても使えた。（ID：2015-05）
   ③ 自分のピアレビューを見るのは気が進まなかったが、見てみると、コメントでもらった内容の意味がよくわかった。（ID：2015-06）
   ④ 他の人の意見や他の人の面接のやり方を見て、考え方や自分のできてないところ、良かったところが考えやすかったです。（ID：2017-03）
   ⑤ 自分では気づかないようなところも、他の人の意見で、面接の様子から、たくさん発見があったので、ためになった。（ID：2017-04）
   ⑥ 自分の反応や言葉に、気を配る必要があると強く感じた。（ID：2017-06）
2. 客観的視点の獲得（5人／14人）
   ① 自分を客観的に見ることができて良かった。（ID：2015-01）
   ② 自分自身を振り返る意味では、客観的に捉えることができ、学びにつながったと思う。（ID：2015-03）
   ③ ICTにて自分の様子を観察したのは初めてだった。（ID：2015-03）
   ④ 自分のワーカーの様子を客観的に見る事ができ、大変勉強になりました。（ID：2015-04）
   ⑤ 自分を客観的に見る機会はないので、とても良い経験になった。（ID：2017-02）
   ⑥ 自分の様子を客観的に見れて、自分自身の人と向き合う時の姿勢や様子を知ることができたのは、良かった。（ID：2017-07）
   ⑦ 自分の姿を自分の目で見ることはむずかしいので、それを客観的に見て評価できること、また、他の人にも評価やアドバイスをしてもらえたのは、自分を見直すきっかけになりました。（ID：2017-07）
3. ICTを活用した利点（5人／14人）
   ① 授業と授業外とで、継続した学びをするには、ICTは有効であると思う。（ID：2015-03）
   ② 時間的にも、自分の空いている時に取り組める事など、利点が多くあり良かったです。（ID：2015-04）

③ ICTを活用するとまた新たにみえてくる部分などもあって良かった。(ID：2015-05)
④ プリントでは、その場で感じたことを書いてもらえていて、ICTでは内容重視で書いてもらえていたように思ったので、2つをやることで、自分の解析がより深くできるのではないかと思う。(ID：2015-06)
⑤ 今後にいかしていくためには大切。(ID：2017-03)

4. 評価・コメント機能の効果（4人／14人）
① プリントでの感想よりも、具体的なアドバイス、評価ができたのではないか。(ID：2015-01)
② ICTで見た方が相談内容も良く理解出来て、コメントが言い易かった。(ID：2015-02)
③ 面接でのコミュニケーションの基本や成り立ちをコメント入力において振り返る事が出来た。(ID：2015-02)
④ 他の人の面接からもたくさん学びを得ることができるので、良い取り組みができたと思いました。(ID：2017-03)
⑤ 他の人の評価をすることはむずかしく、評価する人によって、評価やコメントが違っていて、おもしろかった。(ID：2017-04)

5. 反復的視聴による深い観察・評価（4人／14人）
① 何度も見れる事で、頭に残りやすく自分の為に参考になりました。(ID：2015-04)
② じっくり考えながらできた。(ID：2015-06)
③ 動画で何度も再生したり、巻き戻しもできたので、評価がつけやすかった。(ID：2015-07)
④ 自由に動画を止めたり巻き戻したりできるため、とてもやりやすかった。(ID：2017-05)

6. 今後の改善・課題点（3人／14人）
① そこまではなく、気付きも前後で変わらなかった気がする。(ID：2015-03)
② カメラがあることに意識がいってしまった。(ID：2017-01)
③ 初めての経験で、他の人に自分の映像が見られている、自分自身でも見る、それは正直抵抗はありました。(ID：2017-03)

7. 見本となるモデルを視聴することの効果（1人／14人）
① 先輩の動画をみれるところがとても勉強になりました。(ID：2017-05)
② お手本となる人の動画を見ることができて、良かった。(ID：2017-05)

第7章 保育者養成教育における模擬保育へのICT活用

中原　大介

第1節　はじめに

　現在、国の施策として「待機児童解消加速化プラン」の確実な実施のため、厚生労働省は「保育士確保プラン」を掲げ、保育士の確保に取り組んでいる。保育士の量的な確保はもちろん、「国家資格としての保育士の専門性の向上」つまり質的な向上も同時に求められている[1]。本章では前章までで紹介してきた福祉専門職養成に関するICT活用の研究をベースとし、保育者（本稿において保育士・幼稚園教諭・保育教諭を総称して保育者と呼ぶ）養成教育、とりわけ演習科目として実践力の向上に資する「模擬保育」へのICT活用を検討することを目的とする。

第2節　保育者養成教育と実践力

（1）保育者養成教育と模擬保育

　保育者の質向上に必要な保育実践力については様々な研究がなされている。例えば「学んだ保育知識や技術、考え方を基本にしながら、各保育現場での異なる環境や子ども達の実態に踏まえて子どもを援助することができる力」[2]や「保育について学んだ知識や考え方をもとに、自分がどのようなスタンスで保育者として子どもに向かうのかを意識したうえで、自分の保育技術をもって子どもの遊びを援助することができる力」[3]という考え方などがある。

図 7-1　幼稚園教諭養成課程と保育士養成課程 [4]

　現行の保育者養成教育は「保育士養成課程」と「幼稚園教諭教職課程」がある。それぞれの資格、免許取得に必要なカリキュラムの概略を図 7-1 に示す。それぞれの課程は平成 31 年度より新課程に移行することが決定しているが、本稿においては本研究実施時の養成課程をベースとしている。

　保育実践力の向上には現場に出て実施する「実習」が大きな役割を担っているが、加えて平成 21 年度より教職課程においては、教科目「教職実践演習」が設置された。その科目の中で多くの養成校が取り組んでいると考えられる内容が「模擬保育」である。また、図 7-1 の教科目のうち、とりわけ「保育の内容・方法の理解に関する科目」、「保育内容の指導法」、「実習指導」、「実践演習」に関しては、その教授の方法として「模擬保育」を一部取り入れている養成校が多々見受けられる。

（2） 模擬保育とその課題

　一般的に模擬保育とは、実際の保育場面において子ども達に対して実習生が行う設定保育ではなく、「先生役」「子ども役」場合によっては「観察者」などの役割に分かれて行うロールプレイを指すことが多い。本稿においても「模擬保育」をこの様に定義する。

　筆者が養成校において模擬保育を実施する際、次のようなプロセスを経て実施している。

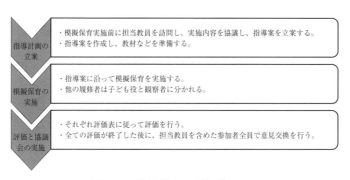

図7-2　模擬保育の実施プロセス

　この様に模擬保育の実施にあたり、学生は「指導案の作成」→「模擬保育の実践」→「評価」というプロセスを経ることが多い。模擬保育実施による実践力向上は効果が高いと考えられるが、同時に模擬保育実施前の指導や実践に多くの時間を割かなければならないという課題もある。さらに模擬保育の実施において、次のような課題が考えられる。

① 立案時に「ねらい」を考えることが難しい
② 限られた授業コマ数で多くの模擬保育を実施することが難しい
③ 模擬保育実施後に振り返り（ピアレビュー）をする時間を十分とれない

　まず、実習における設定保育や模擬保育を実施する際に「指導案の立案」が必要となる。立案時に実践しようとする活動の元となる「ねらい」を考えることが特に初学者にとっては難しいと考えられる。立案時に「ねらい」と「内容」を検討する事は、設定保育、模擬保育の根幹部分である一方、まだ学習途上に

ある学生にとってみれば困難な課題であると思われる。

そもそも「ねらい」とは幼稚園教育要領では「幼稚園教育において育みたい資質・能力を幼児の生活する姿から捉えたもの」とされており、「幼児期の終わりまでに育ってほしい姿」へとつながるものであり「到達目標」が示されている。そこにいたる「内容」については「ねらいを達成するために指導する事項」であり子どもの発達や集団の様子などに応じて保育者が考えていく必要がある[5]。

また見学や実習といった保育現場での経験が無く、子どもの姿を想像しにくい初学者などにとっては、この様な「ねらい」を検討する事は大きなハードルとなると思われる。

2番目に、限られた授業時間時数の中で模擬保育を実施する必要があるという時間的制約がある。前述のように模擬保育を実施する際には「指導案の作成」→「模擬保育の実践」→「評価」というプロセスを経ることが多い。事前準備の段階で立案をし、授業時間内で模擬保育の実践、評価を行うこととなる。

模擬保育案の立案については、授業時間前に実施するとしても模擬保育の実践や評価は一定授業時間の枠内に収めることが求められる。

また、模擬保育の実施にあたって「導入〜展開〜まとめ」と一連の流れを行うにはそれなりの時間が必要となる。そのため、学生一人あたりの時間を短縮するか、模擬保育を実施する学生数を減らすなどの工夫が必要となってくる。

3番目に模擬保育実施後の振り返りに十分な時間をとることができないということである。保育者は「PDCAサイクル」(Plan → Do → Check → Act、計画 → 実行 → 評価 → 改善)を重視した実践が求められるようになっており、自身の実践の振りかえりが求められている。

つまり、模擬保育を実施する際に、本来ならば保育実践後の振り返りに時間を割くべきところが、実践を行う事だけにその時間をとられてしまい、その内容が薄まってしまっているのではないかと考えられる。

（3） 模擬保育とICT技術

　前述のように保育者養成教育においては、保育実践力の向上を目指し、指導計画立案と教材選択・教材作成・指導計画に基づいた保育の実践をロールプレイ形式で行うことが多い。事前に指導案を立案した後、学生が先生役・こども役に分かれ保育実践し、省察を行う。養成課程において、実践力の向上を目的として模擬保育を採用する大学は多い。

　これまでに模擬保育におけるICT技術の活用を検討したものとしては、ビデオカメラによる動画撮影などが代表的である。模擬保育をビデオカメラで撮影を行い、模擬保育終了後、視聴しながら評価を行う研究が多く見られ、保育・教育の現場では積極的に取り組まれてきたと考えられる[6]。

　また、イントラネット上で模擬保育の様子を動画で取り込み、学習者が相互評価を行うことのできるシステムの開発[7]や動画撮影を行った上で、PC上でコメントをつけるという取り組み、教材開発を行っている養成校もあった[8]。

　文部科学省はビデオ記録の特徴として表7-1に挙げる長所と短所を指摘している。

表7-1　ビデオ記録の特徴[9]

長所	短所
・繰り返し再生でき、確認ができる	・ビデオカメラのアングルから外れた事象に関する情報が欠如（撮影者の意図や編集が関与する）。
・その場にいるような臨場感。	・個々の細やかな音声が入りにくい。
・情報量の多さ（身体、動き、表情、空間配置、活動の流れや展開などの時間）。	・ビデオカメラがあることによる影響。
・第三者と共有しやすい。	・撮影者、機材が必要。

　これらの長所・短所は保育場面（模擬保育ではない）におけるものであるが、養成課程における模擬保育にも同じことがいえるであろう。

　また富田は保育現場における「ビデオ自己評価法」としてその長所について次のように述べている。

「ビデオ機器の持つ機能である。何度も繰り返し見ることができる。部分だけを取り出してみることができる。スロー再生でも、早送りでも、ストップ機能で静止画でも見られるといった機能の特性が、繰り返し学習しながら身に付けることが必要なスキル（技能・技術）習得には有効に活用できる」[10] として、保育スキルの向上にビデオ機器が有用であることについて述べている。一方でその課題の一つに「撮影時間、撮影場面、撮影時期についてさらに検討する必要がある」[11] とし、保育場面の撮影時間の長さをどの様に考えるかについて検討を行っている。

第3節　教材の概要

筆者らはこれまでの研究において、社会福祉士養成カリキュラムの「相談援助演習」におけるコミュニケーションスキル獲得を目指した教材開発を行ってきた。本教材は、授業内で実施された模擬面接に対し学生が評価を行うシステムとして運用している。

Moodleを活用し、録画データを学生がパソコンやスマートフォンで閲覧し、面接方法のチェックやコメントが入力できるようになっている。教材のインターフェースを図7-3に示す。

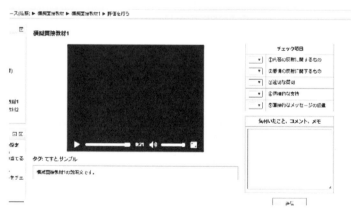

図7-3　パソコン版インターフェース

客観的な自己分析、他者を評価することで他者から学ぶという効果、第三者としてのメゾの視点を得られる、教室環境からの解放などの効果が得られた。

第4節　本研究によって期待される効果と課題

　保育士養成教育における模擬保育にこれまで筆者らが開発した教材を使用した際、従来のメリットに加え次の5つの効果が期待できるとして、実証研究を行ってきた。
　その効果は以下の5点である。
① 「ねらい」と「内容」の理解を深める補助となる。
　前述のように保育者養成教育において、特に模擬保育や実習などで必要とされる「指導案」の作成において初学者が理解困難であるのが「ねらい」と「内容」である。
　実際の保育場面でも、模擬保育の場面においても実際は一つの保育内容領域だけでなく、様々な保育内容の領域の「ねらい」と「内容」が同時に複雑に絡み合っているものが大半である。一つの保育実践（模擬保育）を繰り返し見ることは様々な保育内容領域における「ねらい」と「内容」を理解しやすい、また教授しやすいという利点があると考えられる。
② 模擬保育指導案との比較が行いやすい。
　模擬保育は目の前で行われる先生役と子ども役とのやりとりになるが、そのため指導案と目の前で行われている保育実践を時系列に沿って比較することは難しいと考えられる。
　幼児教育や保育においては指導案が時系列に沿って立てられることが多く、本教材を活用し時間の流れと実習生の実践や子どもの様子、環境設定などを同時に見ることができれば、学習効果がより高まるのではないかと考えられる。
③ 模擬保育を行った際の相互評価において高い効果が期待できる。
　記録をとらない場合は、一度きりの模擬保育実践となってしまい、大事な場面の見落としがあったり、視覚的には一方面からの評価しかできない。

しかしながら、先生役に一つのカメラ、子ども役に一つのカメラを用いて同時に撮影する、というように多角的な視点から撮影した動画を教材として用いた場合、一度の実践で多くの視点をつぶさに確認することができる。この点については、従来のビデオカメラによる動画撮影を元にしたビデオカンファレンスと同様の効果が期待できる。また、繰り返し動画を再生することによって、必要だと思われる模擬保育場面をしっかりと確認できることで、より高い学習成果が得られ、また精度の高い相互評価ができることが期待できる。

④ 隙間時間の活用が可能となる。

前述のように模擬保育は事前の指導計画作成、その指導計画に対する担当教員による指導、模擬保育の実践、実践内容に対する評価と非常に多くの時間を要する。

それ故に多くの実践例を重ねることが難しく、また評価をその場で行う必要もあることから、時間のない中で模擬保育に対する評価を実施することとなる。

このシステムを用いて相互評価を行った場合、学生たちが自分の隙間時間を見つけ、評価に時間をかけ、より客観的に模擬保育の評価を行うことができるのではないかと考えられる。

⑤ 実践者そのものが第3の視点を持って自らを評価することができる。

模擬保育の実践者は当然保育実践中に自らの姿を見、自身を評価することはできない。また、ビデオカンファレンスを実施する場合は模擬保育実践とは別に模擬保育実践時に要したのと同じだけの時間が必要となる。

本教材を活用することで、模擬保育実践者が模擬保育終了後に、予習復習の時間を利用して、自らの実践と子ども役の様子を見ながら自己評価が容易にできるようになると考えられる。

第5節　模擬保育用動画教材の準備

　筆者らが想定した模擬保育へのICT活用の利点のうち、①模擬保育場面を自身の理解に応じて何度でも再生できる、②模擬保育場面と指導案を見比べながら「ねらい」を考えることができる、③同じ模擬保育場面で違った視点から活動を見ることができるの3点に絞り、ICT活用により学習効果があるか否かを大学生に形成的評価してもらうこととする。

（1）模擬保育の内容設定

　本研究における模擬保育は全て教科目「教職実践演習」内で実施した模擬保育である。本研究の対象となった大学では4年次後期に本科目が設置されており、本科目を履修する学生は「保育士資格」「幼稚園教諭1種免許状」「小学校教諭1種免許状」の取得希望者である。それぞれ、模擬保育を実施する際、担当教員の専門に合わせて事前に指導を受け、授業時間内で模擬保育を実施することになっている。筆者の担当グループは保育内容「環境」領域に関わる内容を立案し、実践することとなっていた。

　保育内容（環境）に関わる内容は幼稚園教育要領、保育所保育指針において次のように定義をされている。

幼稚園教育要領[12]

> 環境
> 〔周囲の様々な環境に好奇心や探究心をもって関わり、それらを生活に取り入れていこうとする力を養う。〕
> 1　ねらい
> 　（1）　身近な環境に親しみ、自然と触れ合う中で様々な事象に興味や関心をもつ。
> 　（2）　身近な環境に自分から関わり、発見を楽しんだり、考えたりし、それを生活に取り入れようとする。

(3) 身近な事象を見たり、考えたり、扱ったりする中で、物の性質や数量、文字などに対する感覚を豊かにする。
2　内容
　(1) 自然に触れて生活し、その大きさ、美しさ、不思議さなどに気付く。
　(2) 生活の中で、様々な物に触れ、その性質や仕組みに興味や関心をもつ。
　(3) 季節により自然や人間の生活に変化のあることに気付く。
　(4) 自然などの身近な事象に関心をもち、取り入れて遊ぶ。
　(5) 身近な動植物に親しみをもって接し、生命の尊さに気付き、いたわったり、大切にしたりする。
　(6) 日常生活の中で、我が国や地域社会における様々な文化や伝統に親しむ。
　(7) 身近な物を大切にする。
　(8) 身近な物や遊具に興味をもって関わり、自分なりに比べたり、関連付けたりしながら考えたり、試したりして工夫して遊ぶ。
　(9) 日常生活の中で数量や図形などに関心をもつ。
　(10) 日常生活の中で簡単な標識や文字などに関心をもつ。
　(11) 生活に関係の深い情報や施設などに興味や関心をもつ。
　(12) 幼稚園内外の行事において国旗に親しむ。

保育所保育指針[13]

2　1歳以上3歳未満児の保育に関わるねらい及び内容
ウ　環境
　周囲の様々な環境に好奇心や探究心をもって関わり、それらを生活に取り入れていこうとする力を養う。
（ア）ねらい
　① 身近な環境に親しみ、触れ合う中で、様々なものに興味や関心をもつ。
　② 様々なものに関わる中で、発見を楽しんだり、考えたりしようとする。
　③ 見る、聞く、触るなどの経験を通して、感覚の働きを豊かにする。
（イ）内容
　① 安全で活動しやすい環境での探索活動等を通して、見る、聞く、触れる、嗅ぐ、味わうなどの感覚の働きを豊かにする。
　② 玩具、絵本、遊具などに興味をもち、それらを使った遊びを楽しむ。
　③ 身の回りの物に触れる中で、形、色、大きさ、量などの物の性質や仕組

みに気付く。
④ 自分の物と人の物の区別や、場所的感覚など、環境を捉える感覚が育つ。
⑤ 身近な生き物に気付き、親しみをもつ。
⑥ 近隣の生活や季節の行事などに興味や関心をもつ。

3 3歳以上児の保育に関するねらい及び内容
ウ 環境
　周囲の様々な環境に好奇心や探究心をもって関わり、それらを生活に取り入れていこうとする力を養う。
(ア) ねらい
① 身近な環境に親しみ、自然と触れ合う中で様々な事象に興味や関心をもつ。
② 身近な環境に自分から関わり、発見を楽しんだり、考えたりし、それを生活に取り入れようとする。
③ 身近な事象を見たり、考えたり、扱ったりする中で、物の性質や数量、文字などに対する感覚を豊かにする。
(イ) 内容
① 自然に触れて生活し、その大きさ、美しさ、不思議さなどに気付く。
② 生活の中で、様々な物に触れ、その性質や仕組みに興味や関心をもつ。
③ 季節により自然や人間の生活に変化のあることに気付く。
④ 自然などの身近な事象に関心をもち、取り入れて遊ぶ。
⑤ 身近な動植物に親しみをもって接し、生命の尊さに気付き、いたわったり、大切にしたりする。
⑥ 日常生活の中で、我が国や地域社会における様々な文化や伝統に親しむ。
⑦ 身近な物を大切にする。
⑧ 身近な物や遊具に興味をもって関わり、自分なりに比べたり、関連付けたりしながら考えたり、試したりして工夫して遊ぶ。
⑨ 日常生活の中で数量や図形などに関心をもつ。
⑩ 日常生活の中で簡単な標識や文字などに関心をもつ。
⑪ 生活に関係の深い情報や施設などに興味や関心をもつ。
⑫ 保育所内外の行事において国旗に親しむ。

これらの「ねらい」「内容」をふまえ、本授業内で実際に学生達が実践した模擬保育は次のようなものであった。
(代表例)
・英語を使ったフルーツバスケットゲーム
・空気砲実験
・身近な施設のマークを用いた地図遊び
・落ち葉を利用した似顔絵作り
・野菜スタンプを用いた制作活動
・サツマイモ掘りをモチーフとした制作活動
・秋の果物を活用したフルーツバスケットゲーム
・廃材を活用した輪投げゲーム
・サンタさんへの手紙をモチーフとした制作活動
・冬の雪だるまなどをモチーフとした制作活動

(2) 模擬保育の撮影
・対象者
主に保育士資格・幼稚園教諭免許取得希望者対象(4年生)。
・日時
2015年〜2017年の11月〜12月にかけて、教科目「教職実践演習」内で撮影を行った。
・撮影場所
模擬保育は大学内「保育実習室」もしくは「遊戯室」で実施した。
最初に教材の元となる模擬保育の様子の撮影を行った。違った視点からの模擬保育の評価を可能とするため、模擬保育の撮影では先生役の様子、子ども役の様子、先生役の目線カメラの3つのカメラを用い、図7-4の配置で撮影を行った。
なお、2017年度には全天球カメラも設置し、計4台のカメラで模擬保育の撮影を行った。
本教材はLMS (Learning Management System) のひとつMoodle上で

第7章 保育者養成教育における模擬保育へのICT活用 *81*

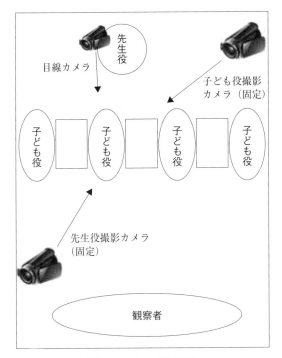

図7-4 カメラの配置

図7-5 撮影した保育実習室

図7-6 動画教材のスクリーンショット

模擬保育の動画を閲覧できるように開発した。さらに、模擬保育の映像を見ながら予め設定した評価項目により評価可能にした。開発した動画教材のスクリーンショットを図7-6に示す。

第6節　模擬保育の実施と評価

開発中である本教材の形成的評価を行うため、19名の学生（1年生4名、3年生5名、4年生10名）を対象として、模擬保育用動画教材を利用した模擬保育の評価を実施した。

それぞれ下記の評価項目に従って先生役は自己評価を行い、子ども役・観察者役は先生役の評価を実施した。

模擬保育に使用した評価項目は次の11項目と自由記述となっている。本研究で使用した模擬保育評価項目は池田による評価項目を参考にしたものである[14]。

（評価項目）
① 子ども達の年齢・月齢に適した指導計画が立案できていた
② 時間配分が適切であった
③ 本時の実践内容が「ねらいと内容」に対して適切であった

④ 声の大きさや発音、話し方が適切で聞きやすかった
⑤ 子ども達への興味や関心を引き出そうと工夫していた
⑥ 子ども達への声かけの内容が適切であった
⑦ 子ども達全体に目を配り、一人ひとりの進み具合を把握しながら活動を進めていた
⑧ 指導計画の内容をしっかり把握した上で、実践することができていた
⑨ 模擬保育に対する熱意や意欲を感じることができた
⑩ 指導案について、創意工夫を感じることができた
⑪ 総合評価

それぞれの項目について、「5（よくできていた）4（できていた）3（普通）2（できていなかった）1（全然できていなかった）」の5件法で評価した。

本研究に参加し模擬保育における実践、及び紙ベース評価とWeb上での評価を行った学生は次のとおりである。

本研究においては2015年〜2017年まで、上記科目教職実践演習内で模擬保育を実施してきた。それぞれの年度における本研究への参加者数は次のとおりである。

表7-2 模擬保育評価実施者数

	Web上での評価	質問紙による評価
2015年度	20名	27名
2016年度	19名	37名
2017年度	8名	16名

模擬保育実施時に同評価項目について紙ベースでの評価を行い、授業終了時に提出を求めた。また、同評価項目を用いて後日Web教材上での模擬保育の視聴及び評価を実施した。Web上の評価は紙ベースでの評価を実施した学生と同一人物である場合と他者による評価を実施した場合があった。

実際に模擬保育を実践し、実施した紙ベース評価の平均値とWebベース評価の平均値は次のようなものであった。（表7-3〜表7-5）

表 7-3　紙ベース評価・Web ベース評価の平均値表（2015 年度）

評価項目	Web 上での評価平均値	質問紙による評価平均値
①子ども達の年齢・月齢に適した指導計画が立案できていた	4.30	4.46
②時間配分が適切であった	4.12	4.72
③本時の実践内容が「ねらいと内容」に対して適切であった	4.00	4.57
④声の大きさや発音、話し方が適切で聞きやすかった	4.18	4.78
⑤子ども達への興味や関心を引き出そうと工夫していた	4.05	4.69
⑥子ども達への声かけの内容が適切であった	4.19	4.78
⑦子ども達全体に目を配り、一人ひとりの進み具合を把握しながら活動を進めていた	4.18	4.89
⑧指導計画の内容をしっかり把握した上で、実践することができていた	4.18	4.68
⑨模擬保育に対する熱意や意欲を感じることができた	4.21	4.77
⑩指導案について、創意工夫を感じることができた	4.14	4.57
⑪総合評価	4.33	4.70
（全体平均値）	4.17	4.69

表 7-4　紙ベース評価・Web ベース評価の平均値表（2016 年度）

評価項目	Web 上での評価平均値	質問紙による評価平均値
①子ども達の年齢・月齢に適した指導計画が立案できていた	4.23	3.90
②時間配分が適切であった	4.11	3.74
③本時の実践内容が「ねらいと内容」に対して適切であった	4.44	4.00
④声の大きさや発音、話し方が適切で聞きやすかった	4.41	4.09
⑤子ども達への興味や関心を引き出そうと工夫していた	4.45	4.04
⑥子ども達への声かけの内容が適切であった	4.29	3.90
⑦子ども達全体に目を配り、一人ひとりの進み具合を把握しながら活動を進めていた	4.43	3.88
⑧指導計画の内容をしっかり把握した上で、実践することができていた	4.33	3.88
⑨模擬保育に対する熱意や意欲を感じることができた	4.55	4.04
⑩指導案について、創意工夫を感じることができた	4.47	4.05
⑪総合評価	4.46	3.93
（全体平均値）	4.38	3.95

表 7-5　紙ベース評価・Web ベース評価の平均値表（2017 年度）

評価項目	Web 上での評価平均値	質問紙による評価平均値
①子ども達の年齢・月齢に適した指導計画が立案できていた	3.81	4.27
②時間配分が適切であった	3.83	4.32
③本時の実践内容が「ねらいと内容」に対して適切であった	3.96	4.36
④声の大きさや発音、話し方が適切で聞きやすかった	4.29	4.55
⑤子ども達への興味や関心を引き出そうと工夫していた	4.45	4.66
⑥子ども達への声かけの内容が適切であった	3.86	4.45
⑦子ども達全体に目を配り、一人ひとりの進み具合を把握しながら活動を進めていた	4.27	4.47
⑧指導計画の内容をしっかり把握した上で、実践することができていた	4.19	4.58
⑨模擬保育に対する熱意や意欲を感じることができた	4.49	4.65
⑩指導案について、創意工夫を感じることができた	4.40	4.61
⑪総合評価	4.25	4.57
（全体平均値）	4.16	4.50

　各年度の評価者や Web 上での評価者数は必ずしも一定ではないが、2016 年度を除いて質問紙による評価よりも Web 上での評価平均値が上回る結果となっている。

　ここには授業時間内に模擬保育の準備と実施が求められ、さらに子ども役としての参加をし、その上で評価をするという短時間での評価を求められている。また評価対象者への親和性（顔を見知った、人間関係が一定できあがっている人間が評価対象となっている。）から、評価が若干高めになっていることが想定できる。

　一方、Web 上での評価は評価対象者が同学年の学生でないケースもあり、知り合いによる評価よりもよりシビアに評価が行われた、つまり保育の内容そのものに対する評価が行われたのではないかと考えられる。

　さらに動画教材の形成的評価は、まず本研究の趣旨・手順の説明を行った後、先生役を撮影した動画・子ども役を撮影した動画・目線カメラによる動画の 3 つを視聴し、それぞれに対して模擬保育を評価し、最後にアンケートと簡単な聞き取り調査という手順で実施した。

表7-6 問「模擬保育場面を自身の理解に応じて何度でも再生できる」

非常にそう思う	8
やゝそう思う	8
どちらともいえない	3
やゝそう思わない	0
非常にそう思わない	0

表7-7 問「模擬保育場面と指導案を見比べながら『ねらい』を考えることができる」

非常にそう思う	7
やゝそう思う	11
どちらともいえない	1
やゝそう思わない	0
非常にそう思わない	0

表7-8 問「同じ模擬保育場面で違った視点から活動を見ることができる」

非常にそう思う	10
やゝそう思う	8
どちらともいえない	1
やゝそう思わない	0
非常にそう思わない	0

　学生が教材を利用するにあたり、模擬保育撮影時に使用した「ねらい」が記入されている指導案を印刷したものを配布している。一つの動画につき、閲覧に15分程度かかるため、全ての手順を終了するまで概ね45〜60分を要した。
　動画教材を利用した後に実施したアンケートのうち、第5節で述べた本教材活用の利点①、②、③に関する結果は表7-6〜表7-8の通りである。
　このように、①、②、③全てに関して肯定的な回答が得られたことから、本教材によりある一定の学習効果が期待できると考えた。

さらに、アンケートの自由回答では、①、②、③の項目に関する内容として以下が得られた。

①については、「何度でも見直すことができ、自分たちの課題を見つけられそう。」という意見などがあった。一方、1回15分の模擬保育を3場面見ることで「小さい画面を30分以上見続けるのは辛い。」というネガティブな反応もあったことから、長時間の動画は何度も視聴するのが難しいことを推測できる。

②については、先生役で模擬保育を実践した学生が「ねらいの達成ができているか、できていない場合は何故かを再確認できる。」と述べており、自身の実践を振り返ることができるというメリットについて言及している。また、「指導案と見比べながら見られる所がよい。」とする意見もあった。その一方で、教材利用時の学生の様子を見ると、模擬保育の動画に集中をするため、ほとんど指導案に視線を落とさず、映像を見終わった後に改めて指導案に目を通すような様子も見られた。また、「指導案と動画をリンクさせて流れに沿って見れたら、おもしろいかなと思いました。」という、今後のバージョンアップを検討している内容について、利用者である学生からの意見も得ることができた。

③については、特に目線カメラを導入したことで学生達の関心は高かった。「先生の視線で見るとどのくらい子どもに視線を送っているかが分かって良かった。」や「色々な視点から保育を見ることができて良かった」という意見などが見られた。しかしながら、目線カメラについては「揺れが大きく酔いそうになった」という意見がいくつか見られ、目線カメラで撮影した動画をそのまま教材として取り上げる難しさを含んでいることもわかった。

第7節　早期体験教育、初年次教育への活用可能性

本教材を活用し、様々な学年の学生に本研究に参加してもらうことで、多くの示唆を得ることができた。学習者の学びの深さによって、本研究に関する感想は様々であった。特に一年生を中心とする初学者からは、模擬保育における先生役を務めた先輩に対する尊敬の念や、自身の意欲向上について述べる感想

が見られた。このことから本教材について、保育者養成教育における早期体験教育や初年次教育における活用可能性について検討する必要があると考えた。

このことはWeb上での評価実施後の聞き取り調査の中で、「4年生はすごい」という言葉や将来自身が行わなければならない模擬保育について「具体的にイメージをすることができた。」という言葉によって具体的に示されている。

つまり、現在模擬保育に取り組んでいる学生ばかりでなく、本教材を活用することによって、模擬保育の様子を具体的にイメージできるため、保育者養成教育における早期体験学習を視野に入れることができるようになってきた。

本節では本教材の早期体験学習への活用とこれまで実施してきた本教材に関する検証に基づいた課題についてまとめることとする。

（1）保育者養成教育における早期体験教育、初年次教育

前述のように保育士不足は大きな問題として社会的に取りあげられ、養成校が担う現場への人材輩出の責は重くなっている。一方で、モチベーションの低い入学者の学業不振や現場とのミスマッチによる早期退職など、様々な問題も同時に見られる。

この様な現状から学生のモチベーション維持や現場理解を深める為、現場実習の前段階として「見学実習」や「体験実習」を実施することで、「早期体験教育」に取り組む養成校も増加している。

保育士養成課程においては現場実習の実施は厚生労働省の「保育実習実施基準」で「保育実習を行う時期は、原則として、修業年限が2年の指定保育士養成施設については第2学年の期間内とし、修業年限が3年以上の指定保育士養成施設については第3学年以降の期間内とする。」とされている[15]。その為、早期に実習を実施する事は困難となっており、養成校によって多少の違いはあるが本実習前に「体験実習」等を実施し、現場実習以外に保育現場と関わる機会を増やす様に努力している。

医学教育などに関わる養成課程では早期体験学習が早くから導入されており、早期体験学習は入学後早期の段階で、現場での直接的な体験を通し、動機付けや使命感を体得させること等を目的としたカリキュラム改善の試みである

と文部科学省によって定義されている[16]。また、高等教育機関における初年次教育においても「学問、進路選択に対する動機・方向付け」をねらいの一つとして掲げている[17]。

同様に保育者養成教育においても、専門職としての質の向上や現場の人材不足から、早期体験教育や体験実習に関する研究が行われており、早期の進路選択への意欲向上や学習意欲向上への試みは大きな課題となっている。

上田らによると、早期体験教育や初年次教育に期待する効果として「『保育者になりたいという意欲』『基本的な生活習慣・マナー』『基本的な読み書き能力』」などを高める効果が期待されているとされている[18]。また、中原によると体験実習には「学習、実習への動機付けを高める役割」[19]があるとされている。保育者養成課程において、早期体験教育や初年次教育を実施することで、初学者である学生のモチベーションを維持することが、保育の質向上やこれからの人材確保につながっていくのではないかと思われる。

(2) 早期体験教育・初年次教育への本教材の活用

2017年度に本教材を用いて新入生の総数10名に対して、ビデオ視聴を行い、Web上での評価を実施した。実施後アンケートの提出があった学生は9名、アンケート終了後に聞き取り調査を実施した学生は6名であった。

聞き取り調査を行った学生については、ゼミの時間を活用し、研究室で一斉にそれぞれスマートフォンやPCを使用して動画視聴から評価、アンケート記入まで実施した。

結果、次のような評価を得ることができた。

「模擬保育場面を自分自身の理解に応じて、何度でも再生できる。」、「模擬保育場面と指導案を見比べながら『ねらい』を考えることができる。」という両項目については「ややそう思う」、「どちらともいえない」という回答が多く見られた。一方「同じ模擬保育場面で、違った視点から活動を見ることができる。」という項目については非常にそう思う、という回答が多く見られた。

また、アンケート実施後の聞き取り調査はこれまでの学生と同様の項目を用いて、調査を実施した。

項目は以下の3点である。
① 本教材を活用することで、模擬保育の様子を具体的にイメージできたか。
② はじめて保育を学ぶ学生にとって、本教材は有用であると考えるか。
③ この様な教材を活用してみたいと考えるか。

教材を活用することで、「先生役が（子ども役）一人ひとりに目を向けている様子がわかり、参考になった。」、「言葉で（模擬保育に関する）説明を受けるよりも、映像がある方がイメージしやすかった。」というように本教材を初学者に対して活用することは、これから初学者が取り組む予定になっている模擬保育のイメージをつかみやすくなったと考えられる。

また、養成校で実施される模擬保育を学生たちは初めて見ることになったが「何をやっているのか全く分からないということはなかった。」、「教材を使用して、模擬保育を行うのは（理解が進み）良いと思う。」という教材に対する肯定的な意見が見られた。

このような教材を活用してみたいと考えるか、という問いに対しても、概ね肯定的な評価を得られることが多くあり、「参考になる。」「（他の模擬保育の）バリエーションがあっても良い。」という意見があった。

入学間もない学生達に対し、4年生が実施した模擬保育をPCやスマートフォンを用いて視聴し、評価する事は、初学者自身の学習イメージを高めることが分かった。一方で本教材が本来のねらいとしている自身の理解に応じて何度も動画を再生することや、指導案と同時に動画を閲覧することで指導の「ねらい」をよりわかりやすくするといった点については、あまり初学者は意識をしていないことが分かった。

しかし、初学者以外の学生にも高い評価を得ている「多視点」での動画視聴については学習が進んでいる在学生と同様に教材として高く評価していた。ここには初学者であっても、視覚的に理解しやすい項目であることと、彼ら自身が保育者役として、また実習において子ども達の前に立った経験が無いことが理由となり、高い評価につながっているのではないかと考えられる。

また、初学者の学生たちがWeb上で模擬保育を視聴した際、撮影した動画を編集し、10分程度にしたことで3つの視点をそれぞれ視聴しても30分程度

で視聴を終えることができた。合計視聴時間30分で長いと考えた学生は6名中2名であり、後述する本教材の問題点の一つである視聴時間が長いという点については、概ね合計視聴時間30分程度ならば学生にとっても大きな負担にはならないということを示している。この視聴時間の短さも初学者による高い評価につながっていると考えられる。

　肯定的な意見が多く見られた初学者の感想の中に、模擬保育での絵本の読み聞かせ場面に対する指摘があった。その内容は「先生役の視線が絵本ばかりを見ている。」というものであった。この意見は聞き取り及び模擬保育評価の自由記述双方に含まれており、本動画を活用した前回の調査に無かった指摘点であった。

　このように入学間もない初学者である学生達に4年生が実施した模擬保育を視聴、評価させる事は、初学者自身の学習イメージを高め、これからの学習内容に対する見通しを持たせることが分かった。また、先輩の姿を自身に投影することで、将来の学習者としてのロールモデルの構築にも一定寄与すると考えられる。

　一方で絵本の読み聞かせ場面において「絵本ばかりを見ている」という初学者による指摘は、4年生が同実践の評価を実施した際には見あたらず、初学者である1年生のみが指摘した内容であった。この初学者が「気付いた」内容は、保育者としての基本ともいえる内容であった。初学者が気付いた理由としては、保育中に「先生役は子ども達（役）に対し目線に気を配る必要がある」ことは保育者にとって基本的な事柄であり、初学者でもイメージしやすく、指摘しやすいことであったと考えられる。

　他方、現場実習も終え、卒業を間近に控えた4年生からこの指摘がなかったことについて、既に現場経験があるが故に「保育実践を行うことに慣れてしまっている。」「絵本を読むことに必死になってしまい、視線を向けることが経験上難しい事を知っている。」などといった、模擬保育や保育実践に対する慣れから、本来気づくべきであろう事柄について気づけなかったのではないかと思われる。

　この実践を通じて、本教材を初学者である学生に視聴させ、Web上での評

価を実施することによって「模擬的な早期体験学習」や「初年次教育」としての活用可能性があることがわかった。また、その際新たな「気付き」を創出する学習プログラムを本教材が提供できる可能性があることがわかった。

前述のように保育者養成教育において、初学者のモチベーションの維持や現場理解には基礎技能の習得のみならず、「自ら学ぶ姿勢」の獲得が必要となる。その為には自身の「気づき」を他者との共有によって再確認する事が非常に有用であると思われる。

ICTを活用した本教材は時間や距離を超えて、他者との「気付き」を共有することを可能とする。また、一定の心理的距離や物理的距離のある者同士が相互に評価を行うことができるようになり、そこに評価対象者に対する親和性や関係性を良い意味で排除した、ある意味客観的な状況において模擬保育実践における実践者の行為そのものを評価することができるようになるのではないかと思われる。

本教材を初年次教育や早期体験学習へ活用することで、初学者に対してはロールモデルの構築や自身の学習に対しての見通しを持つことができる。一方で経験者にとっては、自身が慣れによって見落としがちな視点に関する「気付き」が喚起される。その上で初学者は自身の「気付き」の正しさを改めて理解することができる。

このような効果は一定認められるが、経験者（先輩）、初学者ともにまだ経験も浅く、客観的な評価を行える素地が本教材にあるというものの、そこには

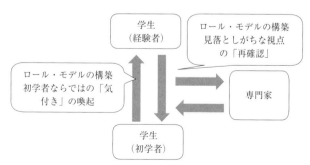

図7-7　本教材を活用した「気づき」の学習モデル

専門家が介在し、適切な指導を行うことが必要となる。

このような考察をまとめると、本教材を活用することで図7-7のような学習モデルが想定される。

第8節　ま　と　め

本章では模擬保育用動画教材の設計、作成、そして形成的評価を行ってきた。これまで筆者らが模擬保育用動画教材の利点として予想してきた、①動画の反復視聴による学習の質向上の可能性、②指導案との比較による「ねらい」の理解とねらいが達成できない時の振り返りの教材としての有用性、③多様な視点から模擬保育を見ることができるといった本研究のねらいは、一定達せられたものと考えられる。また、「4年生はすごい」という言葉に代表されるように、動画を視聴することで模擬保育の様子を具体的にイメージできるため、保育者養成教育における初学者に対する早期体験学習への活用の可能性についても検討を行った。

しかしながら、スマートフォン利用時の通信容量超過による動画視聴不能や学習者自身の意欲低下や端末の発熱など、連続して模擬保育場面の動画を視聴することの困難性、事前作成した指導案と模擬保育の動画との関連づけなど、今後の課題も見えてきている。これらの課題を踏まえ、よりよい教材の開発を継続的に進めていく予定である。

参考文献
(1) 厚生労働省：″保育士確保プランの公表″、http://www.mhlw.go.jo/file/04-Houdouhappyou-0119070000-Koyoukintoujidoukateikyoku-Hoikuka/0000070942.pdf 2015/06/08
(2) 新實広記：″保育者養成課程における地域連携を活用した造形表現科目の授業改善 ― 保育実践力の育成を目指した取り組み ―″、東方学誌、Vol.43、No.1、p121（2014）
(3) 松山由美子：″保育者養成における「保育実践力」育成のためのカリキュラムの構成と評価（2）：「理論と実践の融合」についての一考察″、四天王寺大学紀要、第48巻、p.121（2009）
(4) 厚生労働省：″幼稚園教諭免許状と保育士資格に関する資格要件の比較″、第7回保育士養

成課程等検討会　参考資料6、(2012)
(5) 文部科学省:"幼稚園教育要領解説"、フレーベル館、東京、p.143（2018）
(6) 上村晶:"実習事前指導における模擬保育ビデオを活用したカンファレンスの実際と効果"、高田短期大学紀要、第28巻、pp.89-100（2010）
(7) 大森雅人、中西利恵:"イントラネットによる保育者養成教育支援システムの研究：動画配信機能を持つ共同学習環境の開発"、日本保育学会大会研究論文集、第54巻、pp.170-171（2001）
(8) 大阪大谷大学:"現代GP 実践力をつける実習教育統合支援システム"、http://www3.osaka-otani.ac.jp/gp/　2015/06/08
(9) 文部科学省:"幼稚園教育指導資料第5集　指導と評価に活かす記録"、チャイルド本社、東京、p.114（2014）
(10) 冨田久枝:"保育者のためのビデオ自己評価法"、北大路書房、京都、p.238、（2007）
(11) 同上、p.242
(12) 文部科学省:"幼稚園教育要領"、文部科学省告示第62号、（2017）
(13) 厚生労働省:"保育所保育指針"、厚生労働省告示第141号、（2017）
(14) 池田充裕:"模擬保育による学生の教授力・評価力の向上に関する取り組みと課題：ビデオ撮影による自己評価とピア評価・教員評価の効果の検証"、山梨県立大学人間福祉学部紀要、第8号、pp.61-72（2013）
(15) 厚生労働省:"指定保育士養成施設の指定及び運営の基準について"、http://www.mhlw.go.jp/file/06-seisakujouhou-11900000-Koyoukintoujidoukateikyoku/0000108972.pdf　2018/12/25
(16) 文部科学省:"平成7年度　我が国の文教施策"、http://www.mext.go.jp/b_menu/hakusho/html/hpad199501_2_141.html、2018/12/25
(17) 文部科学省:"大学における教育内容等の改革状況について（平成26年度）"、http://www.mext.go.jp/a_menu/koutou/daigaku/04052801/1380019.htm、2018/12/25
(18) 上田敏丈、富田昌平:"保育者養成校における入学前・初年次教育の現状に関する調査"、中国学園紀要、第9巻、pp.63-72（2010）
(19) 中原大介:"保育体験実習が学生の学習意欲に及ぼす影響についての一考察"、創発、第4巻、pp.95-106（2006）

第8章 介護職員等実務者研修における
シリアスゲーム活用の検討

坂本　毅啓

第1節　はじめに

　2007（平成19）年に社会福祉士及び介護福祉士法が改正され、既定の路線通りの制度改正ではあったが、2011年になってさらに改正が行われた。その主な内容は、介護職員等実務者において研修当初予定の時間数の減少がありながら、一方で「医療的ケア」の教育内容追加など、教育内容の充実も見られた。さらに2007（平成19）年改正では、2012（平成24）年度（2013（平成25）年1月）実施予定の国家試験から、介護福祉士養成施設（大学、短期大学、専門学校等）卒業者の国家試験受験義務化、そして本研究で取り扱う介護職員等の実務者研修の修了義務化が課せられる予定であった。しかし「痰の吸引等の医療的ケア」の導入など、教育内容の再検討が必要とされたため、施行時期は3年間延期され、2015（平成27）年度より適用されることとなった。その後、さらに延期が行われ、2017（平成29）年4月以降の介護福祉士養成施設卒業者の国家試験受験義務化が実施された。実務者研修の修了義務化については2016（平成28）年度の試験から導入された。

　2012年10月は、介護職員等の実務者を対象とした研修（実務者研修）が、厚生労働省指定の養成施設において開始されたという意味で、一つの転換点である。そして、これまでの介護人材の確保の基本的な在り方を、大きく転換する意味を持っている。介護サービスの質を規定する大きな要因は介護サービスに従事する者、つまりは介護人材の質である。そして介護人材の質を規定する

のは介護人材確保を目的とした介護職の専門教育の質である。

　本章では、介護職員等実務者研修（以下、「実務者研修」）を具体的対象として取り上げながら、情報技術としてのシリアスゲームを活用することにより、より質の高い教育内容の確保、つまりはより質の高い介護福祉士養成の可能性を検討する。そして、福祉教育全般における情報技術活用に向けた可能性を探究する道筋の端緒としたいと考えている。

第2節　介護人材確保をとりまく現状

　日本の高齢化の速度は世界一と言われている。図8-1で示したように、高齢化の進展とともに、今後、ますます介護ニーズ量は増加傾向にある。介護ニーズに対応する介護サービスは、介護サービスに従事する者の存在を必要とする人的集約性を持つ。したがって、介護人材確保をとりまく状況としては、さらなる介護人材を確保し、介護サービスに従事する者を増やすということが求められている。

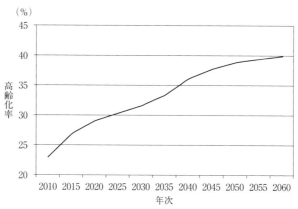

図8-1　日本の高齢化率の推移
注：国立社会保障・人口問題研究所「人口統計資料集（2012）」より坂本が作成。

厚生労働省によると、2008（平成20）年には介護職員数は約128万人となっている。そしていわゆる「団塊の世代」が全員75歳以上となる2025年には212〜255万人程度の介護職員が必要と推計されている[1]。

　この介護職員の内、国家資格である介護福祉士を取得している割合は、2010年で31.7％となっている。今後これは、概ね50％を超える程度が妥当であろうと、「今後の介護人材養成の在り方に関する検討会」（以下、「在り方検討会」）では報告書の中で結論づけている。つまり、今後は介護職員の数を増やしながら、介護福祉士取得者の割合を増やすということを、国の方針として固められているのである。

　介護福祉士を取得するルートは、①大学・短大・専門学校等の介護福祉士養成施設を卒業し国家試験を受験（筆記試験のみ）する「養成施設ルート」、②実務経験3年以上と実務者研修を修了して国家試験を受験（筆記試験のみ）する「実務経験ルート」、③福祉系高等学校を卒業して国家試験を受験（筆記試験のみ）する「福祉系高校ルート」、④いわゆる「外国人介護福祉士」と言われるEPA介護福祉士候補者等が介護技術講習を受講して受験する「経済連携協定（EPA）ルート」、以上4つのルートに分けることができる。

　介護福祉士養成施設は、2018（平成30）年度時点において386課程、総定員は15,506人となっている（表8-1参照）。しかし、定員充足は厳しく、雇用

表8-1　介護福祉士養成施設への入学者数と外国人留学生（推移）

年度	2014年度	2015年度	2016年度	2017年度	2018年度
養成施設数（課程）	406	379	401	396	386
入学定員数（人）	18,041	17,769	16,704	15,891	15,506
入学者数（人）	10,392	8,884	7,752	7,258	6,856
うち離職者訓練受入数	1,911	1,626	1,435	1,307	867
うち外国人留学者数（人・国数）	17(5)	94(9)	257(15)	591(16)	1,142(20)
定員充足率	57.5	50	46.4	45.7	44.2

資料：介護福祉士養成施設協会編『介養協News速報（30No.2）』（No.27）掲載資料「1．介護福祉士養成施設への入学者数と外国人留学生（推移）」（http://kaiyokyo.net/member/2018/000673/、2019年2月13日時点）より転載。

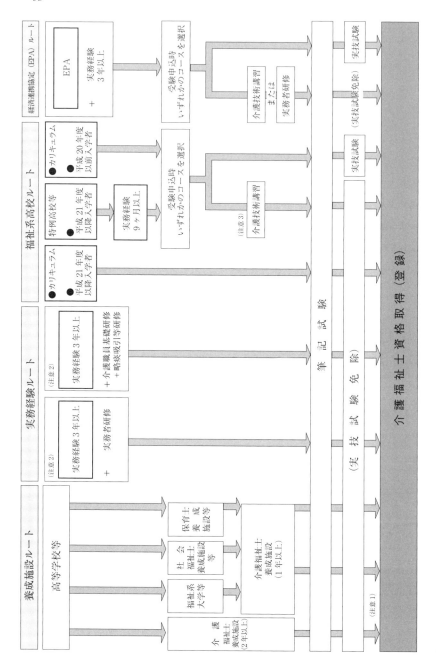

(注意1) 「社会福祉士及び介護福祉士法」の改正により、平成29年度（第30回）から、養成施設ルートが介護福祉士国家試験の受験資格となりました。なお、養成施設を平成33年度末までに卒業する方は、卒業後5年の間は、国家試験に合格しなくても、または、合格しなくても、介護福祉士になることができます。この間に国家試験に合格するか、卒業後5年間続けて介護等の業務に従事することで、5年経過後も介護福祉士の登録を継続することができます。平成34年度以降に養成施設を卒業する方からは、国家試験に合格しなければ介護福祉士になることはできません。
(注意2) 実務経験ルートで受験を希望する方は「実務経験3年以上」だけでは受験できません。
(注意3) 平成20年度以前に福祉系高等学校（専攻科を含む）に入学し、卒業した方、特例高等学校（専攻科を含む）を卒業し、9か月以上介護等の業務に従事した方が、「実技試験の免除」を申請する場合は、「介護技術講習」を修了する必要があります。
「実務者研修」の修了で実技試験が免除になるのは、「実務経験ルート」と、「経済連携協定（EPA）ルート」の方のみですのでご注意ください。

図8-2 介護福祉士の資格取得ルート

出典：社会福祉振興・試験センターウェブサイト「介護福祉士国家試験受験資格（資格取得ルート図）」より転載。
（http://www.sssc.or.jp/kaigo/shikaku/route.html，2019年2月13日時点）

保険による教育訓練給付などによって養成施設への入学者（離職者訓練受入）を下支えしてきたこともあったが、それも現時点では減少し、多くの養成施設において大幅な定員割れを引き起こしており、その課程数の減少が見られた。一方で、外国人留学生を積極的に受け入れることを前提とした養成施設の新設も数課程見られた。

　2018（平成30）年実施の国家試験の合格発表資料によれば、国家試験の結果は合格率は70.8％（第30回、合格者65,574人／受験者92,654人）であった。介護福祉士養成施設を卒業して国家試験を受験して合格した者は、5,649人である。不合格でも5年間は介護福祉士として介護に従事することができる経過措置もあることを踏まえると、養成施設ルートで養成される介護福祉士は6,420人（平成30年度卒）ということになる。

　国家試験受験者の内、約87.3％が実務経験ルートでの受験である。以前は実務経験のみで国家試験受験資格の取得が可能であったが、介護福祉士としての質の統一化という目的から、実務者研修が受験資格取得のために必要となるように制度改正が行われた。この実務者研修が義務化されることにより、介護福祉士を取得している者は、「利用者の状態に応じた介護や他職種との連携等を行うための幅広い領域の知識・技術を修得し、的確な介護を実践」することができるという資格取得者の統一化が、全ての取得ルートにおいてなされることとなったのである[2][3]。

　さて、ここまで見てきた資格取得ルートを踏まえて、これからどのようにして介護人材を確保する方向性にあるのだろうか。「在り方検討会」の報告書によれば、「介護福祉士養成施設卒業者等を中心とした若年層」だけではなく、「介護福祉士等の資格を取得しながら介護等の業務に従事していない潜在有資格者」、「子育てが一段落した主婦層」、「他産業から介護職への転職を目指す人々」、「社会貢献に関心のある定年退職者」といった人々にも焦点を当てる必要を指摘している。さらに「多様な経歴の人々が介護の仕事へ参入できるようにするためには、介護職の間口は広くしておく一方で、段階的な技能形成とキャリアアップを可能にすることにより、量の確保と資質の向上が両立できるような養成体系を整備していくことが必要である」と指摘している[1]。

つまり、これからはいわゆる「新卒者」が中心となる養成施設ルートだけではなく、実務経験ルートを重視することによって、社会人経験者にとっても間口の広い介護職でありつづけ、結果的に量と質の両方を引き上げていくこととなっているのである。特に、養成施設ルートの約4倍以上の介護福祉士を生み出している実務経験ルートは、今後も日本の介護サービスの質の中心的な存在と言える。以上から、今後の介護人材の確保とその質の担保においては、実務者研修という資格取得ルートが重要な役割を担っていくと言える。

第3節　実務者研修の教育内容とその課題

　実務者研修の全体的なイメージを示したものが図8-3である。これを具体化したカリキュラムは表8-2の通りである。
　実務者研修の教育内容のポイントは、社会人によって受講しやすい教育環境の整備と、養成施設ルートと同様の到達目標を達成するというところにある。

【到達目標】
○　幅広い利用者に対する基本的な介護提供能力の修得
　　※　介護福祉士養成施設（2年以上の養成課程）における到達目標と同等の水準
○　今後の制度改正や新たな課題・技術・知見を自ら把握できる能力の獲得を期待

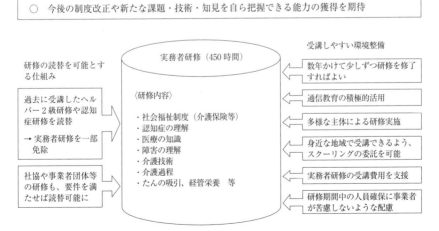

図8-3　実務者研修のイメージ
　　注：厚生労働省資料「制度改正の概要」より転載。

表 8-2　実務者研修におけるカリキュラム

科目名	時間数（h）
人間の尊厳と自立	5
社会の理解Ⅰ・Ⅱ	5・30
介護の基本Ⅰ・Ⅱ	10・20
コミュニケーション技術	20
生活支援技術Ⅰ・Ⅱ	20・30
介護過程Ⅰ・Ⅱ・Ⅲ	20・25・45
発達と老化の理解Ⅰ・Ⅱ	10・20
認知症の理解Ⅰ・Ⅱ	10・20
障害の理解Ⅰ・Ⅱ	10・20
こころとからだのしくみⅠ・Ⅱ	20・60
医療的ケア	50
計	450

6か月以上から数年間かけて、少しずつでよいので研修を修了してよいとされており、「在り方検討会」の報告書においても「働きながらでも無理なく勉強することができるよう、教育水準を担保する措置を講じつつ、通信教育を積極的に活用することを想定」しており、「インターネットやテレビ放送を利用した教育も考えられる」と指摘している。

　ここに、大きな課題が発生してくる。それは、受講しやすい環境を整備し、通信教育の積極的活用をしつつ、どうやって通学課程である養成施設ルートと同様の教育目標を達成するのかである。実践的な教育内容が求められるにも関わらず、いかにして社会人の独習を支援するような教育方法を展開するのかが、重要な課題である。この課題克服のためには、従来のレポート添削を中心とした通信教育という手法では限界があり、達成は困難であろう。ましてや、「誰かで試してみる」ような「実験的」な教育方法は、人命を預かり、失敗が絶対に許されない介護の現場においては、倫理的に絶対にあってはならない。

　そこで、単にレポート添削や放送授業をインターネットに置き換えた程度の教育方法ではなく、かつ倫理的配慮を踏まえた教育方法を考えるためには、情

報技術そのものをフル活用することを検討することが、今求められてくるのである。

第4節　シリアスゲーム活用の検討

　これまで述べたことを踏まえ、本研究ではシリアスゲームの活用を検討する。シリアスゲームとは、Abtが教育を目的としたゲームの有効性について言及したことに由来し[4]、「教育をはじめとする社会の問題解決のために利用されるデジタルゲーム」が一般的な定義と考えられている[5]。
　ゲームを教育に利用するメリットとして、藤本は以下の5点を挙げている[5]。
・モチベーションの喚起・維持
・全体像の把握や活動プロセスの理解
・安全な環境での学習体験
・重要な学習項目を強調した学習体験
・行為・失敗を通した学習

　従来のような教育方法のみではモチベーションを維持することが大変難しい。そのため、現在の介護福祉教育の現状の考え方、すなわち、必要以上に遊びを導入しないということを尊重しつつ、シリアスゲームによる教材作成に着手することは大きな意義があると考えられる。
　また、介護の現場では失敗を許されない状況がある一方で、研修生の介護スキルの向上を目指すには、行為・失敗による学びも必要不可欠である。この一見矛盾する状況において、失敗してもやり直しが可能であり、同じ状況を再現できるという環境を構築することは十分に意義があると考えられる。そのためには、高度なコンピュータグラフィックス技術により、リアルで、かつ、再現性の高いモデルに基づいたゲームの開発が必要となるのは明らかである。
　仮想現実（VR）に近い高度な技術があれば、実習に近い学習効果が得られる可能性は高い。しかし、これまで述べてきた教育の場において、特殊なデバイスを研修生に広く導入するのは無理がある。そのため、一般的な入力装置（マウス、キーボード、タッチパネルなど）で学習者の教育効果が得られるよ

うなゲームをどのように開発すべきか、これから検討していく必要がある。

第5節 おわりに

　本章は、介護福祉士養成教育において情報技術をいかにして活用するのかという研究テーマの入り口である。社会的背景を踏まえて、実務者研修における課題点を教育方法という観点から指摘し、シリアスゲームを活用すればより効果的な教育システムが構築できるのではないかという仮説を打ち立てた。今後の課題として、シリアスゲームのプロトタイプの開発とその効果測定といった教育実践研究の取り組みが必要である。

参考文献
(1) 今後の介護人材養成の在り方に関する検討会編："今後の介護人材養成の在り方について（報告書）— 介護分野の現状に即した介護福祉士の養成の在り方と介護人材の今後のキャリアパス —"、厚生労働省社会援護局、東京（2011）
(2) 坂本毅啓："介護福祉士養成制度の見直しとその課題"、医療政策学校、No.3、pp.33-40（2006）
(3) 坂本毅啓："改正介護福祉士養成制度の方向性と課題"、いのちとくらし研究所報、No.26、pp.40-49（2009）
(4) Abt, C. : "Serious Games: The Art and Science of Games that Simulate Life in Industry, Government and Education", Viking Press, New York（1970）
(5) 藤本徹："シリアスゲーム　教育・社会に役立つデジタルゲーム"、東京電機大学出版局、東京（2007）

第9章 サービスラーニングにおいてICTを活用した実践例とその教育効果

坂本　毅啓

第1節　はじめに

　サービスラーニング（Service Learning、地域貢献活動体験型学習）といった学習方法が、大学、短期大学、専門学校等の高等教育機関で取り入れられるようになってきた。多くの教育機関において、その実践とその教育効果について研究がなされてきている。本書において取り上げている福祉教育の領域においても、基礎教育部分としてサービスラーニングは非常に重視されてきている。しかし、ICTを活用したサービスラーニングの展開に関する研究は、八代・佐藤・吉田によるものだけである[1],[2]。

　本章では、十分な情報教育環境が整備されていないことを前提として、できるだけ簡易で、かつフリーなICTの資源を活用しながら、より効果的なサービスラーニングの展開方法を検討することを目指す中で、ICTを活用することによりある程度の多人数でも省資源化と省力化を図りつつ、教育の質を維持することが可能であった実践例を紹介する。

第2節 授業概要

(1) サービスラーニングの定義

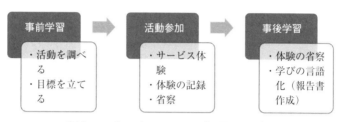

図9-1 サービスラーニングの展開モデル

　サービスラーニングの定義については、Jacoby, B. による定義が有名である。これによると、「サービスラーニングとは、学生の学びや成長を増進するような意図を持って設計された構造的な機会に、学生が人々や地域社会のニーズに対応する活動に従事するような経験教育の一形式である。省察 reflection と互恵 reciprocity は、サービスラーニングのキー概念である。」とされる[3]。その評価軸としては、①動機と価値、②道徳的成長、③自己および自己概念、④学生の発達、⑤態度、⑥批判的思考の6つを上げることが出来る[3]。
　これらを言い換えると、サービスラーニングとは、地域のニーズを充足することを目的として既に組織化されたボランティア活動に参加するという経験をし、その上で省察を通して学業上の学びと結びつけながら、人格形成や倫理教育市民としての責任感を育成することを目指す学習方法であると言える[4]。

(2) 科目の概要

　文系の4年制大学において2013年度と2014年度の2年度にわたり、前期に「サービスラーニング入門Ⅰ」（以下、SL入門Ⅰ）、および後期に「サービスラーニング入門Ⅱ」（以下、SL入門Ⅱ）が開講された。SL入門Ⅰでは座学を中心としたボランティア入門科目として位置づけ、毎回概ね150名から200

表9-1 2014年度のSL入門Ⅱの授業計画

回数	予定	備考	提出方法	返却・共有
1	ガイダンス			
2	目標設定	課題提出	紙	
3	活動下調べ	課題提出	Word、メール	PDF
4	活動時間振り替え日①			
5	活動時間振り替え日②			
6	活動時間振り替え日③			
7	活動状況経過報告	課題提出	紙	PDF
8	活動時間振り替え日④			
9	活動時間振り替え日⑤			
10	活動時間振り替え日⑥			
11	活動状況経過報告、活動報告作成の説明	課題提出	紙	PDF
12	プロセスレコード作成	課題提出	Word、メール	PDF、ePub
13	カタルシスレポート作成	課題提出	googleフォーム	PDF、ePub
14	報告書レイアウト作成	課題提出	googleフォーム	PDF、ePub
15	報告書完成・提出	課題提出	Word、メール	PDF、ePub

※活動時間振り替え日……1.5時間×6コマ×2(学校時間単位)＝18時間
　→最低でも18時間以上の活動を求める。
　　1日3時間の活動→6日以上の活動

名程度の受講生の出席であった。

　SL入門Ⅰの座学を踏まえて、SL入門Ⅱでは、実際に地域貢献活動（ボランティア活動）へ参加し、その経験を踏まえて省察と議論を通して、最終的には期末レポートとして半年間の活動報告書の作成を課した。2013年度の受講生は9名、2014年度の受講生は62名であった。ここからは、このSL入門Ⅱに焦点化することとする。

　SL入門Ⅱは全部15回であり、その授業計画が表1である。活動時間を授業時間と読み替えることにより、学生に少しでも活動に参加しやすいような環境づくりに配慮した。活動時間は全部で18時間以上とし、授業6回分を活動時間読み替えとした。活動の前には、ガイダンス、目標設定の課題提出、参加しようと思う活動について調べて提出をすることとし、事前指導とした。活動

は概ね10月下旬から12月中旬を中心的期間とし、7回目と11回目には活動の進捗状況について学生に報告書を作成させ、提出させた。その後、12回から15回については、期末レポートとしての活動報告書の作成に向けた省察を目的とした事後指導を行った。

（3） 事後指導における教材

事後学習で使用した省察のための教材は、各担当教員によって工夫されることが多い。今回は担当教員の専門性と教育経験を活かす観点から、社会福祉士養成教育の実習指導教育においてよく使用される教材であるプロセスレコード、カタルシスレポートの2つを使用した。これら提出された課題は、次の授業時に全員の分を共有することにした。そして省察を通して獲得した気付きや学びは、最終的に活動報告書として成果をまとめさせた。

（4） プロセスレコード

プロセスレコードは、印象的だった一場面を思い浮かべて、その場面のやり取りを逐語録として記述し、そこから自分のコミュニケーションの傾向や、どのような関わり方が良かったのかをふりかえるための教材である[5]。

印象的だった場面の逐語録は、①相手の行動、②自分が思ったこと、③自分の行動に分けて記入し、④今からだとどのように考えることができるか（考察）を記入する。そして作成した課題は、グループなどで発表し合い共有する。そのため、自分だけでは無く他者の印象的だった場面も、分解してゆっくりと前後関係をふりかえることができる点が、この教材の特徴である（図9-2参照）。

（5） カタルシスレポート

カタルシスとは、はき出すことによって浄化するという意味である。図9-3のカタルシスレポートは、自己の活動体験を良い面も悪い面もすべてはき出し、多角的視点で考察して、新たな気付きを得ることを目的としている[6]。

まずは、活動に参加した中でつらかったこと、失敗したと思えること、残っ

第9章 サービスラーニングにおいてICTを活用した実践例とその教育効果　109

学籍番号　　　　　　　名前

相手（登場人物）の特徴 スペシャルオリンピックスの水泳の選手。 男性で年齢は25から30前後。車イス。 話すのが大好きで、相手のことを聞きたがる。自閉症。		この場面の特徴 参加者の交流会で、みんなでミサンガを作っている。	
相手の言動	自分の思ったこと	自分の言動	考察
① ミサンガを作らず、支援員の男性にずっと話しかけている	② 作り方がわからないのかな、教えてあげたほうがいいかな。	③ 男性の前に行き、「こんにちは」と声をかけた	
④ 笑顔で挨拶をし、自己紹介。名前と年齢を尋ねる。	⑤ 作り方をいきなり教えるより、会話してみよう。	⑥ 自分の自己紹介をする	
⑦ 明日自分のでる競技のこと、とても緊張していることなどを話す。	⑧ どうしよう、いつ、ミサンガのことを言おうかな。	⑨ 相手の話を聞き続ける。	⑧ 相手の話の内容より、ミサンガのことが気になってしまっている。話半分に聞いてしまっている。
⑩ 私のことをいろいろと質問してくる。	⑪ どこまで聞いてくるのかな。	⑫ とりあえず聞かれたことにはすべて答える。	⑫ 質問の中には、支援員の方から止められているものもあった。
⑬ 一通り話したいことを話して、満足げな様子。	⑭ あ、今、ミサンガを作ること勧めてみようかな。	⑮ 「○○さん、ミサンガ、作ってみませんか？」	⑮ 名前を呼ばれるとすごくうれしそうな顔をすることに会話の途中で気づいた。
⑯ 「作ります！」といい、自分ですらすらと作り上げる。	⑰ できないものと思い込んでいたため驚く。	⑱ 「○○さん、すごく上手に、きれいに出来上がりましたね！」	⑰ 思い込み、「できないなら一緒にしましょう」などの発言をしなくて良かった。

自分の関わり方をふりかえって気付いたこと。（自分のコミュニケーションの傾向と課題、自分の援助行為の課題等）
　ミサンガを作らなければ、ということばっかりを考えてしまい、目の前にいた男性の話をちゃんと聞いていなかった。この場合、交流会であり、ミサンガを作ることは課題ではなかったため、男性が話したいときは、しっかり男性の話に耳を傾けるべきであったと深く反省した。その時は何が一番大切なのかを、瞬時に考えて行動に移すことができるようにならなければならない。
　また、参加者の中に男性にはミサンガの作り方がわかっていない人が多かったため、その男性もそうだと思い込んでしまった。今回はそうではなかったが、思い込みにより相手を傷つけることがあるかもしれない。現場において思い込んではならないと考えさせられた。

図9-2　プロセスレコードの書式と記入例
注：書式は井上ら（2004）を基に作成。

ワークシート (1):カタルシス

学籍番号：　　　　　　名前：

1. あなたが実習を終えてつらかったこと、失敗したと思えること、残ってしまった疑問などの体験をなるべくたくさん、思い出して箇条書きにしてみてください。	2.「1.」とは反対に実習の中で自分でもできたこと、心がけたことなど、プラスの側面を思い出して箇条書きで簡単に書いてみよう。

ワークシート (2):深化

学籍番号：　　　　　　名前：

　このシートは (1) のカタルシスから一つ、自分で選ぶか指導教員に選んでもらって記入していきます。選んだことがらをその起きた状況や、人物についてなど、なるべく詳しく思い出して書いてください。
　そしてそのことがらについて、なるべく多面的に眺めてみましょう。どんなことが考えられるでしょうか？

選んだカタルシス：	選んだカタルシス：
①場面の想起：	①場面の想起：
②利用者の主観の想像：	②利用者の主観の想像：
③多面的な理解：	③多面的な理解：
④学んだことのまとめ：	④学んだことのまとめ：

図9-3　カタルシスレポートの書式
注：社会福祉実習研究会（2000）を基に書式を作成

てしまった疑問などの体験を、なるべくたくさん書き出す。次に、逆に自分でもできたこと、心がけたこと、プラスの側面を思い出して書き出す。ここで書き出した内容から、特に深く考えたい点を2つ選択し、それぞれについて①場面の想起、②利用者の主観の想像、③多面的な理解、④学んだことのまとめについて記入をする。このレポートも、グループ内で発表し合い、ディスカッションをして共有を行う。

（6） 報告書のレイアウト設計と作成

　活動報告書を書く前に、まず全体の骨組みを考えるのが、レイアウト設計である。その時、これまで作成してきたプロレスレコードとカタルシスレポートを活用して、レイアウト設計を行う。その後、箇条書きでどのような内容にするのかを書き出し、活動報告書の作成を行う。そして、提出された活動報告書は、活動報告集として全員に配布する。

第3節　授業実践方法

（1） プリントを活用した2013年度の授業方法

　授業方法としては、2013年度は課題提出を紙ベース（プリント）での提出とし、参加したい活動を調べて提出することと、期末の活動報告書のみwordで作成してメールで提出するという方法とした。人数も9名と少なかったため、提出された課題の学生へのフィードバックは、全員分コピーして配布し、全体発表をして気付きや学びを共有した。

（2） ICTを活用した2014年度の授業方法

　2013年度の経験を踏まえ、2014年度は改善を行った。特に、当初想定していた受講者数は20名以下だったが、2014年度はそれを大幅に超えたため（62名）、2013年度と同様の方法が難しいと判断した。大きく変更した点としては、課題の提出とフィードバックの方法である。

　目標設定、活動期間中の活動状況経過報告については、授業時間時に配布

するプリント使って、授業時間内に課題に取り組んでもらい、提出をしてもらった。いずれも課題提出時に、教員へ直接手渡しで提出をさせ、その場で教員が課題に目を通し、何らかの簡単なコメント・アドバイスを返した。それ以降については表1にまとめたように、wordで文書を作成しメールで提出する方法とGoogleフォームサービスを利用して課題を提出することとした。

これらの提出課題については、2013年度は提出の次の授業時に全員分コピーを配布する方法で共有し、教員からコメントをするという方法をとった。しかし2014年度は受講生が多数であり、大量の印刷が必要となるため省資源化および省力化を意図して、プリントベースからICTを活用した図9-4に示した方法へ変更した。

プリントはスキャンをしてPDFファイル化した。またwordファイルやGoogleフォームで提出された課題については、wordによる版組から作成したPDFファイルと、電子書籍ファイルであるePubファイルが作成できるフ

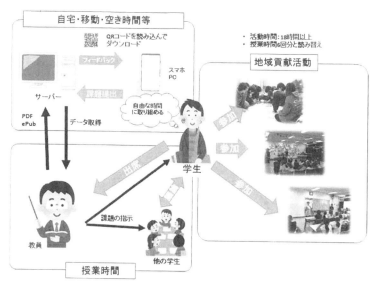

注：図の素材については「いらすとや」（https://www.irasutoya.com）を使用。写真については筆者撮影。

図9-4　ICTを活用した課題の提出方法

リーウェアの Sigil [7] を使用して作成した ePub ファイルの 2 種類を用意した。これらのファイルは Google ドライブ上に作成した専用の共有フォルダに保存し、QR コードを利用してダウンロードをできるようにした。なお、この共有フォルダは期末の活動報告書の提出期限をもって閉鎖した。

第 4 節　形成的評価

（1）学生による評価

15 回目の授業時に、学生に対して Google フォームを活用して、ICT を活用した授業方法についてアンケートへの協力を依頼した。その結果、41 名の学生が協力をした（回答率 66.2％）。

（2）ICT を活用した課題の提出方法に関する感想

ICT を活用して課題を提出する方法に関する感想を自由記述で回答をしてもらった。「良かった」や「便利だった」という意見が多く見られ、「課題提出を忘れなくてすんだ」という意見も見られた（本章末の参考資料参照）。概ね多くの学生にとっては、ICT を活用して課題を提出するということは好意的に捉えてくれていると考えることができる。

一方で、課題点の指摘もあった。「この制度は逆に言うと出席していなくても課題の存在を知れば提出することができるので、授業を受けた人への考慮があるといいのではないかと思います。」という指摘は、真面目に出席している学生を評価するという点でも非常に重要な指摘である。「携帯が古く、電池が切れやすいため電池切れが恐くて、授業中にはファイルを見れなかった。」、「ICT を活用して提出することは便利でいいと思うけど、なぜかパソコンで URL を入力してもサイトが見つからず、iPhone から提出しました。」の 2 つについては、学生のもっているデバイスに依存している以上、工夫が必要な点である。また、サイトが見つからないと言う点も原因の追及も重要であるが、QR コードと短縮アドレス以外にも容易にアクセスできる方法の検討が必要であると思われる。

さらに、学生がもっている情報処理スキルにも差があるようで、「私は、コンピューターが疎く送信できているかが確かでなかったので少し不安でした。」、「私は、あまり好きではなかったです。理由は、機械音痴だからです。また、携帯がおかしいと思うのですがたまにログインできない時もあったからです。」というような意見も見られた。情報機器の操作が苦手な学生に対して、できるだけきめ細かなマニュアルや指示書を作成することで、ある程度は軽減できると思われる。また、人数的には少数であると考えられるので、情報機器の操作が苦手な学生だけ個別指導をすることでも、フォローは十分であると考えられる。

（3）望ましい課題の提出方法

課題の提出方法についてICTを活用した場合、望ましい提出方法は何かという質問に対し、68％の学生がスマートフォンだと回答した（図9-5）。パソコン（Googleフォームをパソコンのブラウザから利用）は25％、メールにファイルを添付して提出するというのは7％であった。3人に2人の学生は、スマートフォンで課題を提出するということを望んでいる。その理由としては「どこでも手軽にできるから」、「パソコンがなくても提出できるので、空き時間をうまく使えることができた」といった学生の意見を挙げることができる。

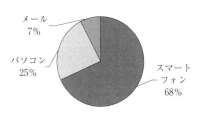

図9-5　望ましい課題の提出方法

次に、実際に学生が授業時にフィードバック用に提出課題を受け取る際、PDFファイルとePubファイルのどちらをダウンロードしていたのかという質問に対しては、71％がPDFファイルであり、29％がePubファイルであった（図9-6）。当初、A4サイズで

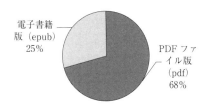

図9-6　実際にダウンロードしたファイル形式

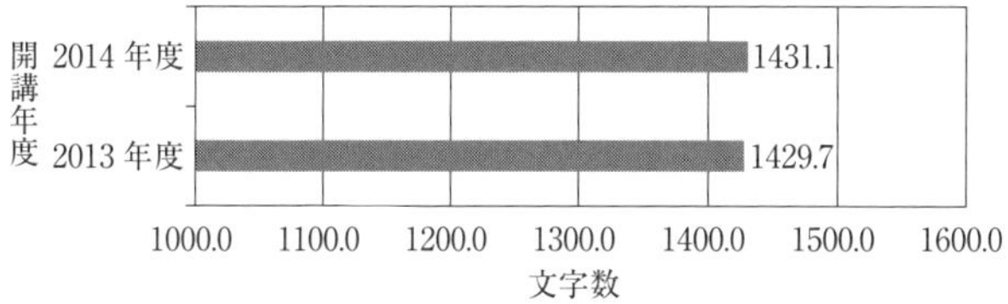

開講年度	文字数
2014年度	1431.1
2013年度	1429.7

図9-7 活動報告書の平均文字数の比較

作成するPDFファイルでは、スマートフォンなどの画面では小さくて見にくいため、ePubファイルを活用するのではないかと予想していたが、全く逆の結果となった。Andoroidスマートフォンだと電子書籍リーダーのアプリがわからないので、PDFファイルを選択するという学生の意見が見られた。改善点としてはA6用紙サイズでPDFファイルを作成するなどが考えられる。

（4）教育効果

スマートフォンを中心としたICTを活用したことにより、教育効果はどう変わったのであろうか。その一つの指標として、最終課題である活動報告書の文字数に着目した。活動報告書における学生1人あたりの平均文字数を2013年度と2014年度で比較をした結果、両者には差が認められなかった（図9-7）。

演習形式の授業では、経験的に、人数が増加するときめ細かな指導が困難となり、レポートなどの完成度合いに差がでることがある。特に9名から62名へと6.8倍も増えると、活動報告書の文字数（文量）が減り、内容も乏しくなると予想された。特に、活動報告書を作成する上で重要な資料となるプロセスレコード、カタルシスレポート、レイアウト設計については、的確なコメントが必要である。これらの課題の作成やフィードバックが不十分な場合、活動報告書に書く内容が乏しくなり、形式的には文字数の減少として現れる。しかし、結果的にその差は認められなかった。つまり、ICTを活用することにより、文字数という形式的観点ではあるものの、少人数指導と同様の教育効果を維持することができたと考えられる。

同じ結果が得られるのであれば、省資源化および省力化をもたらすICTを活用した方法はより合理的方法であると考えられるし、導入に当たっても比較

的簡易なシステムで十分に実践は可能であると言える。

第5節　ま　と　め

　以上、ICTを活用してサービスラーニングの実践例とその教育効果、そして学生のアンケート結果から形成的評価を行った。ICTを活用することによるメリットは、教員サイドとしては、ある程度の多人数の受講であっても、省資源化と省力化を図りつつ、少人数の受講と同じ程度の活動報告レポートの作成は可能であるという点である。そして学生サイドからすると、授業の空き時間や通学途中の時間などを活用して課題に取り組める随時性と、資料を紛失すること無くいつでも振り返ることができる点を挙げることができる。しかし一方で改善点としては、学生が持っているデバイスに依存する部分があるために全ての学生が同じ学習環境を整えることができるかは不確定である。さらには学生の情報機器を操作するスキルに影響を受ける部分もあり、苦手とする学生に対するフォローも必要である。

　今回は、あくまで一つの実践例であり、一般化するには限界があると考えられる。しかし、省察を深め、体験から学ぶということを支援する上で、ICTを活用することは有効であると考えられる。

参考文献

(1)　佐藤文昭、八代一宏、吉田均：″地域を指向した実践教育活動支援システムの構築″、教育システム情報学会研究報告、第28巻、第6号、pp.219-222（2014）

(2)　八代一宏、佐藤文昭、吉田均：″サービスラーニングにおけるモバイルポートフォリオシステムの構築と実践″、教育システム情報学会研究報告、第28巻、第6号、pp.2239-6228（2014）

(3)　桜井政成、津止正敏編著：″ボランティア教育の新地平――サービスラーニングの原理と実践――″、ミネルヴァ書房、京都（2009）　定義については山田一隆氏による訳文より引用。原文はJacoby, B. :″Service-Learning in Today's Higher Education″（1996）である。

(4)　サラ・コナリー、マージット・ミサンギ・ワッツ著、山田一隆、井上泰夫訳：″関係性の学び方　「学び」のコミュニティとサービスラーニング″、晃洋書房、京都（2010）

(5)　井上深幸、趙敏延、谷口敏代、谷川和昭：″みえる　わかる　対人援助の基本と面接技術

～事例で分かるプロセスレコード"、日総研出版、愛知（2004）
(6) 社会福祉実習研究会編修："社会福祉実習サブノート —— 初めて実習生となるあなたへ"、中央法規出版、東京（2000）
(7) ePubエディターのSigilについては、公式サイトを参照のこと。(http://code.google.com/p/sigil/)
(8) 樋口耕一："社会調査のための計量テキスト分析 — 内容分析の継承と発展を目指して"、ナカニシヤ出版、京都、（2014）

参考資料

本章の形成的評価では、樋口（2014）を参考に、KH Coderを使用した[8]。ICTを活用した課題の提出方法に関する学生の感想で、本文中で紹介した「良かった」や「便利だった」という意見は、以下の通りである。

●「良い」を含む文章
① 普段持ち歩いている携帯で利用できたため、忙しくても通学中などに利用できたのが良かった。
② 今までしたことない新しい提出方法でしたが、メールの本文を書かなくても良いという点では、時間が無い人には良いように感じた。
③ 携帯でも提出できる点がとても良かった。私は自宅生なのでモノレールの中や電車の中で課題に取り組めて時間を有効に使うことが出来た。
④ 誰もが常にネット環境にある現代だからこその良い方法だと思います。
⑤ 紙より、インターネットを利用することで正確に教授の元に課題を提出できるので、とても良いと思った。
⑥ わざわざパソコンを開いて、アクティブメールで送るという手間がかからなくて良かった。
⑦ フォーマットがすでにあるのでやりやすかった。いろいろな人の課題内容を見ることができたのでよかった。

●「便利」を含む文章
① 提出が便利でとても助かりました。
② パソコンが手元になくてもできるので、とても便利だと思います。
③ ICTを活用して提出することは便利でいいと思うけど、なぜかパソコンでURLを入力してもサイトが見つからず、iPhoneから提出しました。
④ iPhoneでQRコードを読みとるだけで課題に取り組むことができてとても便利だった。また、普段からiPhoneを使用しているので文字を打つ

ても便利だった。また、普段からiPhoneを使用しているので文字を打つのも比較的楽で時間をそんなに割くこと、かつ、どこでも取り組めたので私にはとても便利だった。
⑤ とても便利で提出しやすかった。
⑥ 自宅で提出できるのが便利でよかった。
⑦ 簡単でどこでもできるので、便利です。
⑧ パソコンを使わなくても提出できるのは便利でした。
⑨ スマートフォンで提出できて便利だった。
⑩ ペーパーレスなのはいつでもどのでも簡単に課題の提出ができるためにとても便利だった。

第10章 社会福祉士養成教育における相談援助実習指導支援システムの提案

坂本　毅啓

第1節　はじめに

　本章では、これまで取り組んできたICT活用の範囲を拡張し、より福祉現場に近い実習指導上の様々な課題の解決を図ることを目指したテーマに取り組む。その端緒として、まずは相談援助実習指導上における課題を洗い出し、システムの設計方針、システム開発で得られる効果を示した上で、社会福祉現場での実習（指定科目名：「相談援助実習」）及び実習指導（指定科目名：「相談援助実習指導」）（以下、「実習・実習指導」と記す）を支援するシステムを提案する。

第2節　社会福祉士養成教育における相談援助実習及び相談援助実習指導の特質

　社会福祉現場における相談援助職であり、ジェネラリスト的存在である社会福祉士を養成する教育カリキュラムでは、実習・実習指導と演習を中心的な位置づけとしている。その実際は、詳細にわたって厚生労働省が規定をしており、法制度に基づいた教育内容が求められている。実習・実習指導を担当する教員研修で使用され、教育上の標準的な教科書である一般社団法人日本社会福祉士養成校協会（2015）によれば、実習・実習指導の科目の特質として、①実習先施設・機関等への依頼が必要、②実習には多くの場合、養成校内の複数

教職員がかかわる、③実習生は二重の指導体制のもとに置かれる、の以上3点を挙げている[2]。

第3節　実習・実習指導における実務的及び教育的課題

これら3点の特質を踏まえ、実際の実習・実習指導の展開における学生、実習先、養成校の関係とは緊密な連携の下に教育が展開されることが特徴である。具体的には図10-1のような関係性の中で情報が受け渡される。

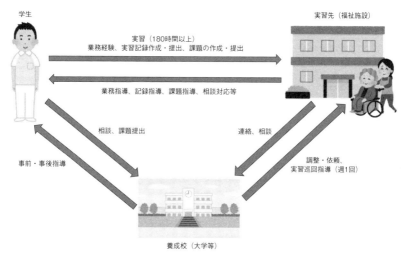

図10-1　実習生、実習先、養成校の関係
画像素材：http://www.irasutoya.com/ より活用。

このような関係の基に行われる実習・実習指導には、基本的に手作業により連絡・相談、書類作成などが行われている。しかし限られた人的資源の下、多くの情報を実務担当者（大抵は実習助手、助教等）が主観的・経験的に操作しながら業務を遂行しているのが現状である。

実習・実習指導における実務的及び教育的課題としては表10-1に示したように、①実習実務に関する情報の管理、②施設情報・学生情報・教員情報を踏

表10-1 実習・実習指導における課題・ニーズ、システム機能、期待できる効果

	課題・ニーズ	求められるシステムの機能	期待できる効果
①	実習実務に関する情報の管理	データベースの構築	・効率的な連携の展開。 ・効果的な教育指導。 ・情報の蓄積と管理。
②	施設情報、学生情報、教員情報を踏まえた実習配属のマッチング	マッチングシステムの開発	・効率的なマッチング作業
③	実習依頼業務	関係書類の自動作成	・効率的な実務の遂行
④	限られた人的資源での業務遂行	効率的な業務システム	・限られた実習実務担当者でも効率的な運営が可能となる。小規模な専門学校の通信課程でも扱えれば、限られた人的資源でも効率的に業務を進めることが可能。
⑤	実習巡回業務（事務手続き、巡回記録作成、提出）	パソコン、スマートフォン等のオンライン上でできる事務手続き。	・事務手続きの簡素化・合理化 ・記録等の保管を各自に行い、監査等の確実な対応力を持つ。
⑥	記録・課題指導	オンラインでの記録・課題の提出及び指導	・記録・課題作成における指導・支援体制の確立 ・実習指導者と教員による指導上の連携強化 ・記録は手書きで作成することが、実習教育における標準。
⑦	相談・トラブル対応	オンラインを活用した相談・トラブル対応	・迅速な相談・トラブル対応 ・実習施設との連携の強化 ・相談・トラブル対応の記録の蓄積と以後の活用

まえた実習配属のマッチング、③実習依頼業務、④限られた人的資源での業務遂行、⑤実習巡回業務とそれに付随する事務、⑥記録・課題指導、⑦相談・トラブル対応、と言った7つを挙げることができる。

　例えば、①と②の実習実務で扱われる情報は非常に多岐にわたり、その管理は紙やエクセルで管理されていることが多い。また③の実習依頼業務ではワープロソフトに手入力で書類を作成し、結果的に最新の情報が反映されていなかったり、記載事項に誤記があったりというミスが発生することがある。また⑥の実習日誌は毎日作成・提出するが、実習指導者と教員がバラバラに指導し

ていることがある。⑦のトラブルは実習につきものであるが、巡回を担当する教員が抱え込んで独りで対応するだけで、その結果についても共有・蓄積されることが少ない。

これまでに、このような課題をICTで解決するに至らなかった背景には、①実習実務を担当する教員がシステムやパソコン操作に詳しいとは限らない、②周囲にシステムエンジニアが存在する環境にない（特に専門学校）、といったことがある。

第4節　実習指導支援システムの提案

先に述べた実習・実習指導における実務的、教育的課題は、ICTを活用することで多くが解決するのではないかと考えられる。独自のサーバーを中心に、学生、実習指導者、そして養成校がネットワークを介して情報を伝達しあい、その結果、連携して実習をスムースに実施できるシステムを用意することである。その設計方針は、実務的課題と教育的課題は不可分な関係で、パソコン操作に詳しくないような教員でも、実務的、教育的課題を解決できるような機能性を持たせることであり、そのシステムに求められる機能は表10-1に示した通りである。

これにより、パソコン操作に詳しくない教員であっても、効率的に実務を進めていくことが可能となり、教員としての本来業務である学生と向き合う時間をより確保することができる。さらに、巡回指導記録等もオンライン上で提出することが可能となれば、事務手続きの効率化だけではなく、確実な記録保全が可能となる。このようなシステムは、養成校として必ず受けることになる監督官庁からの監査指導や、監督官庁へ毎年提出する指定項目の報告、さらには制度改正に伴う実務変更についても、システムをバージョンアップすることで確実に対応できることが期待できる。

第5節 おわりに

相談援助実習における実習記録(日誌)や支援計画作成などの課題は、未だ手書きが中心である。特に福祉現場におけるICTに対する距離感から、実習指導にICTを活用することに対して、施設によってはかなりの抵抗があると思われる。そのため、導入できる可能性の高い機能からシステムを構築し、試行段階へと進めて実績を積み上げながら、施設の理解を少しずつ得て、実践的研究を進めていくことが必要である。

参考文献
(1) 一般社団法人日本社会福祉士養成校協会編:"相談援助実習指導・現場実習 教員テキスト 第2版"、中央法規、東京(2015)
(2) 一般社団法人日本社会福祉士養成校協会監修:"社会福祉士相談援助実習 第2版"、中央法規、東京(2014)
(3) 八木亜紀子:"相談援助職の記録の書き方 短時間で適切な内容を表現するテクニック"、中央法規、東京(2012)
(4) 社会福祉実習研究会編集:"社会福祉の実習事例から学ぶ 実習生のための対人援助技術"、中央法規、東京(2001)
(5) 社会福祉実習研究会編集:"社会福祉実習サブノート 初めて実習生となるあなたへ"、中央法規、東京(2000)
(6) 榎本則幸・長渕晃二・仁木淳・秋山朋寛・岩永量子:"相談援助演習・実習ワークブック 社会福祉士の新たな役割に向けて"、久美、京都(2009)
(7) 兵庫県社会福祉士会監修、高間満・相澤譲治編著:"ソーシャルワーク実習 養成校と実習先の連携のために"、久美、京都(2011)

資料編

1. モジュール関連資料の紹介

　本書で紹介した Moodle のモジュールについては、筆者らのチームで設計し、その作成にあたっては株式会社ブラテック様の協力によるものである。モジュールに関するマニュアル等について、参考資料として添付させていただくが、導入や詳細については、株式会社ブラテック様へお問い合わせを願いたい。

- ● サポートについて
    - ➢ 株式会社　ブラテック
    - ➢ https://www.bratech.co.jp/
    - ➢ 093-883-6662

2. 管理マニュアル (Ver.2014)

動画面接教材
モジュール管理マニュアル

株式会社ブラテック
第1版　2014/3/11

BraTech
Brand-new Science and Technology Research

ログイン後のマイページ

> ユーザ名とパスワードの対応が確認できると，ユーザ専用のマイページが表示されます．マイページには，担当科目がある場合にはその科目名が表示されます．

資料編　129

コースメイン画面

> コース名をクリックすると以下のようなコースメイン画面に遷移します。画面の説明は以下の通りです。

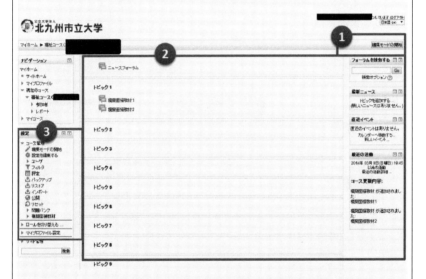

① － コースのコンテンツを編集する際に選択するボタンです。詳しくは次のページに説明します。

② － メインコンテンツエリアです。

③ － コースに関する設定メニューです。

コースメイン画面(編集モード)

> コースメイン画面で編集モードボタンを押すと以下のような画面になります。既存コンテンツの変更や削除、新しいコンテンツの追加などが行えます。
> 初期コンテンツとして、模擬面接教材が設定済みです。
> 自由に追加、変更して頂いて構いません。

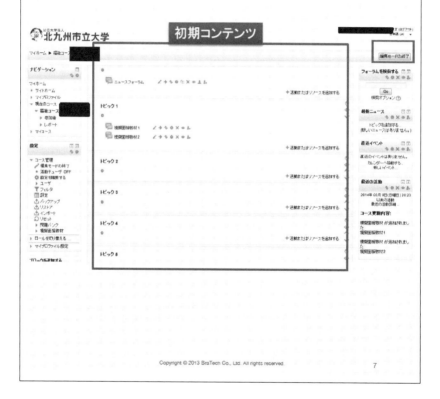

コンテンツ編集モードの説明

> 編集モードのアイコン説明です。※が良く利用します。

- ✏ タイトルを編集できます
- → 右へ移動できます
- ✥ 上下に移動できます(※)
- ⚙ 設定を変更できます(※)
- 🗐 コンテンツを複製できます(※)
- ✖ コンテンツを削除できます（削除すると、成績データが消えてしまいますので注意して下さい）
- 👁 コンテンツを一時的に非表示にできます（※）
- 👤 グループで管理する/しないを選択できます
- 👤+ 権限を変更できます

動画面接教材を新規作成する 1/3

> コース内のリソースの追加から模擬面接教材を選択して下さい。

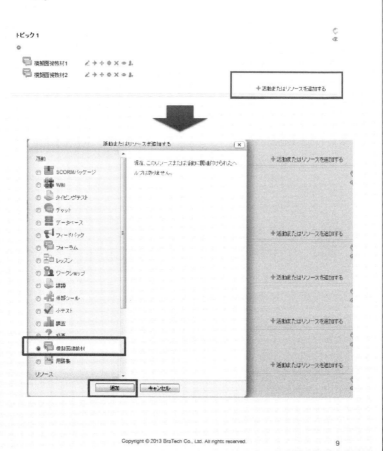

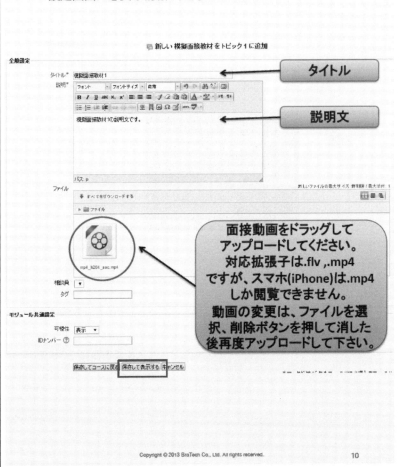

資料編 *135*

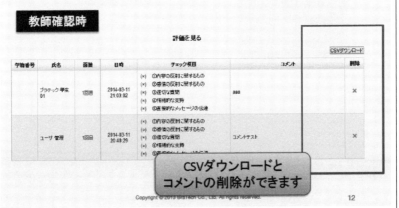

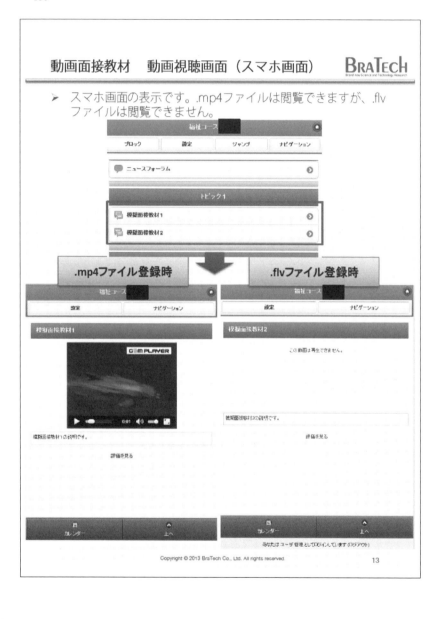

動画面接教材 メニュー画面 1/2

> 動画面接教材のメニューは左メニューのコース管理にあります。

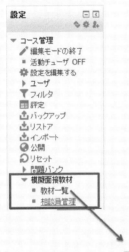

教材一覧画面から
教材の絞込、評価の実施、
評価の確認等が行えます。

動画面接教材 メニュー画面 2/2　　BraTech

> 動画面接教材のメニューの相談員管理は相談員を管理できます。

相談員管理

表示するデータはありません。

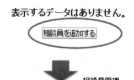

⬇

相談員管理

相談員氏名* 相談員A
表示順 10

変更を保存する

* マークが付けられた

⬇

相談員管理

相談員氏名	表示順	編集
相談員A	10	✿ ✕
相談員B	20	✿ ✕

3. モジュールのバージョンアップに伴う利用手順書 (ver.2016)

模擬面接教材モジュール
利用手順書

2016/3/8
(株)ブラテック

開発した機能

(1) チェック項目のカスタマイズ機能
　　(スマホ表示対応)

(2) 動画コメント表示機能
　　(スマホ表示対応)

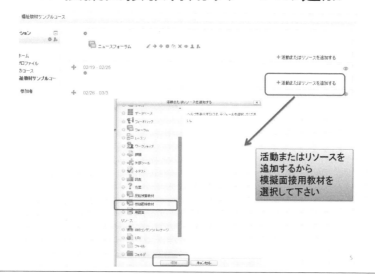

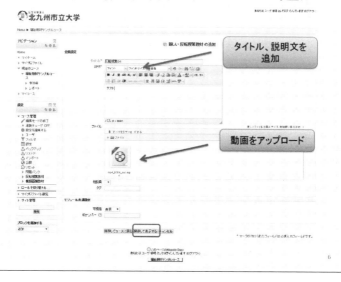

2. 模擬面接モジュール画面（PC）

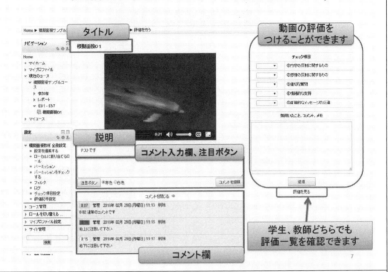

2. 模擬面接モジュール画面（スマホ）

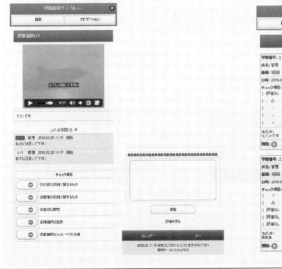

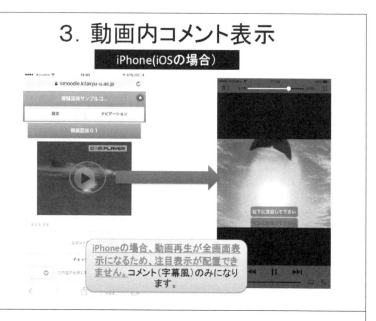
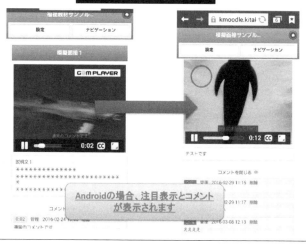

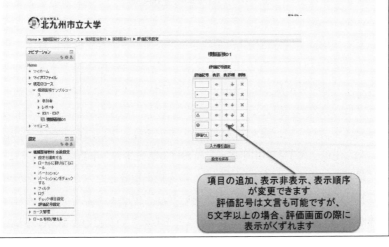

おわりに

　英文学者でありエッセイストでもあった外山滋比古は、「編纂ものではおもしろいことがおこる。ひとつひとつの文章や作品は、それほどとくに秀ぐれているわけではないのに、まとめられると、見違えるように立派になる場合である。（略）独立していた表現が、より大きな全体の一部となると、性格が変わる。見え方も違ってくる。前後にどういうものが並んでいるかによっても感じが大きく変わる。」と述べている[1]。この言葉を励みに、我々の拙いながらも取り組んできた研究成果を、このようにして「編纂」することには意味があると願ってやまない。そして本書を礎にして、研究に対する批判・助言を頂戴することができたり、あるいはこのような研究テーマに関心を持った新たな研究チームが登場するようなことがあれば、我々としては望外の喜びである。果たしてその成否については、皆様の評価に委ねたい。

　本書ができるまでには、多くの方々のご支援によるところが大きい。第2章の基となった論文の共著者である北九州市立大学教授浅羽修丈先生からは、共著論文の活用についてご快諾を頂戴した。介護福祉士養成教育におけるICTの活用の検討にあたっては、尾道福祉専門学校講師豊田美絵先生から多くの貴重な意見・示唆を頂戴した。Moodleのモジュールの開発では、株式会社ブラテックに、我々の「何となくなイメージ」にしか過ぎなかったアイディアであったにも関わらず、我々の想像以上のものを作っていただいた。その他にも、北九州市立大学と福山平成大学における諸先生方、事務職員の方々には、常に最良の研究環境となるように多くの支援を頂戴した。そして我々が用意する教材に熱心に取り組み、形成的評価では忌憚の無い意見を出してくれた学生達からは、教育者として逆に多くのことを教えていただいたように感じている。改めてお礼を申し上げたい。

　末筆ではあるが、厳しい出版事情の中、本書のような挑戦的なテーマでも快

く出版を引き受けていただいた大学教育出版の佐藤守様、中島美代子様、そして佐藤宏計様には、心よりお礼を申し上げたい。また、大学教育出版との縁をつないでいただいた下関市立大学教授の難波利光先生には、日頃からのご支援も含めてお礼を申し上げたい。

（追記）
　実は、我々3人は、いずれも「イクメン」（自称）という共通した父親としての顔も持つ。学会への参加や研究の打ち合わせと称して、週末に日帰り・泊まりがけの出張を幾度もしてきた。そのたびに妻や子ども達には、何かと迷惑をかけてきたことは重々承知している。本書は、家族からの支援の賜物でもあることを、敢えてこの場において申し添えさせていただくことをお許し願いたい。

　2019年　陽春の頃

坂本毅啓、佐藤貴之、中原大介

引用文献
(1)　外山滋比古（1986）『思考の整理学』筑摩書房、p.49。

■著者紹介

坂本　毅啓　（さかもと　たけはる）
　現　　職：北九州市立大学　基盤教育センター　及び　地域創生学群　准教授
　最終学歴：四天王寺国際仏教大学大学院人文社会学研究科人間福祉学専攻博士後期課程単位取得満期退学
　学　　位：修士（社会福祉学）
　主　　著：『雇用創出と地域──地域経済・福祉・国際視点からのアプローチ──』（共編著）大学教育出版、2017年
　　　　　　『地方都市におけるインクルーシブな地域づくり』（共編著）大阪市立大学都市研究プラザ、2017年
　　　　　　『現代社会と福祉』（共編著）東山書房、2015年

佐藤　貴之　（さとう　たかゆき）
　現　　職：北九州市立大学　基盤教育センター　及び　地域創生学群　教授
　最終学歴：東北大学大学院　情報科学研究科　情報基礎科学専攻　博士後期課程修了
　学　　位：博士（情報科学）
　主要論文：「On the Negation-Limited Circuit Complexity of Sorting and Inverting k-tonic Sequences」pp.104-115, Lecture Notes in Computer Sciences 4112, Springer, 2006
　　　　　　「Monotone DNF Formula That Has a Minimal or Maximal Number of Satisfying Assignments」pp.191-203, Lecture Notes in Computer Sciences 5092, Springer, 2008
　　　　　　「情報教育における大福帳を用いた大規模クラスでの授業実践」基盤教育センター紀要、18、pp.65-78、2014

中原　大介　（なかはら　だいすけ）
　現　　職：福山平成大学　福祉健康学部こども学科　准教授
　最終学歴：立命館大学　社会学研究科　応用社会学専攻　発達・福祉系　修了
　学　　位：修士（社会学）
　主　　著：『保育士のための相談援助』（共著）学文社、2017年
　　　　　　『施設実習の手引き』（共編著）淡水社、2017年
　　　　　　『幼稚園・保育所・認定こども園への教育・実習の手引き』（共著）淡水社、2016年

福祉職・保育者養成教育における ICT 活用への挑戦
― より深い学びと質の高い支援スキル獲得をめざして ―

2019 年 3 月 31 日　初版第 1 刷発行

- ■著　　者──坂本毅啓・佐藤貴之・中原大介
- ■発行者──佐藤　守
- ■発行所──株式会社　大学教育出版
  　　　　　〒700-0953　岡山市南区西市 855-4
  　　　　　電話 (086) 244-1268　FAX (086) 246-0294
- ■印刷製本──モリモト印刷㈱

Ⓒ 2019, Printed in Japan
検印省略　　落丁・乱丁本はお取り替えいたします。
本書のコピー・スキャン・デジタル化等の無断複製は著作権法上での例外を除き禁じられています。本書を代行業者等の第三者に依頼してスキャンやデジタル化することは、たとえ個人や家庭内での利用でも著作権法違反です。
ISBN978 − 4 − 86692 − 033 − 7